글로벌 인재가 되려면

이렇게 말하고 듣고 소통하라

이말듣소

최 정 화

한국외국어대학교 출판부

"인간은 호기심을 잃는 순간부터 늙는다."

피터 드러커

글로벌 인재가 되려면?

'오감(五感)' 을 일깨우라.

눈으로는 미래에 대한 비전과 꿈을 보고,

입으로는 외국어 소통 능력을 배양하고,

손으로는 첨단기기 사용에 능통하고,

머리로는 세계인으로서의 소양과 시각을 쌓고,

가슴으로는 이문화를 이해하고 존중하라.

여는 말

"이 말 듣소"

이 책 제목으로 "이렇게 말하고 듣고 소통하라"의 줄임말인데 우연의 일치로 "이 말을 들어 보세요"의 뜻으로도 들린다.

우리는 태어나 말하기 시작하면서부터 원하든 원하지 않든 수많은 사람들을 만나고 소통하며 살아간다. 학생은 학교 수업을 듣고, 회사원은 상사에게 보고하며, 기자는 취재하고, 발표자는 프리젠테이션을 하며, 가정주부는 살림을 하며 사람들과 어울린다. 우리는 끊임없이 말하고 듣고 메모하면서 살아간다.

"탁월한 머리보다 무딘 연필이 앞선다"라는 독일 격언이 있다. 이 말의 뜻은 "머리가 제 아무리 똑똑한 사람도 비록 서투른 솜씨라도 메모하는 사람보다는 못하다"는 뜻이다. 즉 자기 머리가 제일 총명하다고 자랑하는 사람보다는 머리는 그다지 좋지 않더라도 즉각 절절히 메모를 잘해 두는 사람이 이긴다는 교훈이다.

사람에게는 잊어버리는 습성이 있어 시간이 지나면 누구나 기억이 사라지기 때문이다. 나쁘거나 슬픈 기억은 빨리 잊는 것이 좋지만 출근길이나 버스 안에서 떠올린 좋은 생각을 회사나 목적지에 도착하기도 전에 잊어버렸을 경우 불과 몇 분 사이에 좋은 아이디어를 놓쳐 버리게 하는 것이다.

요즈음 우리는 흔히 지식 정보사회, 커뮤니케이션 시대에 살고 있다고 한다. 많이 아는 것이 힘이며, 자신이 알고 있는 것을 제대로 전달할 수 있는 능력 즉, 커뮤니케이션 능력은 각 개인의 경쟁력이다.

필자는 글로벌 인재들의 공통점을 5 CQ로 정리해 본 적이 있다.

5 CQ '통력(通力)' 이란 집중지수(Concentration quotient), 문화지수(Culture Quotient), 소통지수(Communication Quotient), 협력지수(Cooperatiom Quotient), 창의지수(Creativity quotient)를 뜻하며 한 마디로 세상과 통할 수 있는 긍정적인 힘이다. 소통의 중요성이 그 어느 때보다도 강조되는 글로벌 시대이기에 이 5 CQ 중 특히 소통지수를 높이는 30년간 필자가 체득한 말하고 듣고 쓰는 노하우를 함께 나누고자 한다.

미국의 미래학자 엘빈 토플러는 저서 권력의 이동에서 "이제 문맹은 더 이상 글을 읽을 줄 모르는 사람이 아니라, 배우는 방법을 모르는 사람이다"라고 말했다. 배우는 방법을 알기 위해서는 언어를 정보를 전달하는 도구로만 대하지 말고, 우리가 원하는 목적과 용도에 맞게 사용 할 수 있는 능력을 체득해야 한다는 뜻이다.

사람마다 말하는 방법이나 듣는 자세가 천차만별이듯이 기억 도우미인 메모하는 방법도 사람마다 다르다. 하지만 누구나 알아두면 평생 도움이 되는 원칙이 있기에 "이 말 듣소"를 통해 글로벌 시대의 경쟁력인 소통능력을 높이는데 조금이나마 도움이 됐으면 한다.

소통 능력은 나의 경쟁력이기 때문이다.

2008년 정월에

최정화

이 책을 읽기 전에

우리의 경쟁력인 소통능력은 크게 이해하는 능력과 표현하는 능력으로 나누어진다. 필자는 우선 이해력의 바탕인 듣기와 이해한 내용의 기억 도우미인 메모하기를 다루고 그 다음 표현력과 관련된 말하기와 소통하기에 대해 다루고자 한다.

그 이유는 우리가 소통능력을 말할 때 먼저 떠올리는 것은 말과 글로 하는 표현력이나 듣는 능력과 밀접한 이해력과 기억 도우미인 메모하는 능력이 어우러져 발현되어야 소통능력이 제 빛을 발하기 쉽기 때문이다.

필자는 30년 가까이 통역사와 교수로 활동하며 말을 듣고 전하는 메시지 전달자로서 듣고 메모하고 말하는 노하우와 메시지 생산자로서 쓰고 말하는 노하우를 체득할 수 있었기에 소통에 관심이 있는 여러분들과 공유하고자 한다.

C O N T E N T S

차례

비엔나 현지에서는 '멜랑시' 라고 부르는 비엔나 커피를 좋아해서인지 필자는 비엔나를 좋아한다. 비엔나 하면 떠오르는 '가곡의 왕' 슈베르트는 어느 때는 식당의 메뉴에, 어느 때는 입고 있는 자기 옷에 그때그때 떠오른 악상을 적어 그렇게 많은 아름다운 곡을 만들 수 있었던 것이다. 31세의 짧은 생애에 비해 발표한 작품 수는 998개에 이르렀던 것은 그의 즉흥 메모 습관과 무관하지 않다.

1797. 1. 31 - 1828. 11. 19

Franz Peter Schubert

PART 1

이렇게 메모하라

우리가 누군가의 말을 듣고 받아 적는 것은 말하는 사람이 전달하고자 하는 메시지이다. 누구나 얘기를 할 때는 자신의 말을 듣는 사람들이 누구인지 무엇을 하는지 파악하고 상대방을 바라보면서 얘기한다.

무엇을 메모 할 것인가?

우리가 누군가의 말을 듣고 받아 적는 것은 말하는 사람이 전달하고자 하는 메시지이다.

누구나 얘기를 할 때는 자신의 말을 듣는 사람들이 누구인지 무엇을 하는지 파악하고 상대방을 바라보면서 얘기한다. 즉 듣는 사람들의 반응을 보아가며 자신의 생각을 전개해 나가는 것이다. 우리가 말을 한다는 것은 자신의 생각을 피력하거나, 어떤 이해관계를 옹호하거나, 상대방을 설득시키는 등의 목적으로 메시지를 전달하는 것이다.

또 우리가 남의 말을 들을 때에는 그 말은 내적 일관성을 갖고 있으며, 허공에 대고 하는 말이 아니라 실제 상황에 처해 듣는다는 사실을 명심해야 한다. 여기서 내적 일관성이란 메시지를 전하는 목적을 달성하기 위해 말하는 사람이 갖고 있는 생각의 흐름을 가리킨다. 듣는 사람은 이 메시지의 내적 논리를 발견할 때까지 끊임없이 분석적으로 듣는다. 다시말해 "왜 저 말을 할까" 자문해 보며 듣는 것이다.

메시지를 분석적으로 듣는 데에는 여러 지식과 상황인식이 동원된다. 즉, 우리는 누군가의 말을 들을 때 그 사람의 직업, 직책, 가치관 등을 알고 들으면 메시지 파악이 수월해진다. 지금 열변을 토하는 이 사람이 생산자인지, 소비자인지, 수출업자인지, 수입업자인지, 잘 나가는 회사를 대표하는지, 지금 경영 위기에 처한 회사를 구하려는 사람인지를 파악하고 얘기를 들어야한다. 다시 말해, 지금 이 회의가 왜 이 시점에 개최됐고 또는 말하는 사람은 왜 이 말을 하는지를 파악해야 한다.

말하는 사람의 배경이 전달하고자하는 메시지 의미 파악의 열쇠가 될 수 있기 때문이다. 사적으로 누군가를 만나도 상대방을 알고 만나면 의중을 정확히 간파할 수 있고 대처 방안이 생긴다. 무엇을 알고자 강의나 브리핑을 들을 때에는 반드시 상대방에 대한 정보를 사전에 갖도록 해야 한다.

앞서 언급했듯이 메모란 잊지 않기 위해 적는 것이다. 나중에 보고 들은 내용을 생각해 낼 수 있는 즉, 들은 메시지를 떠올릴 수 있도록 해주는 즉, 일종의 기억 도우미가 바로 메모인 것이다.

말을 들으며 메모할 때 요령

1 • 우선 집중해서 들어야한다.

2 • 이해한 내용을 메모한다.

3 • 자신의 생각과 다른 내용이어도 열린 마음으로 듣는다.

4 • 들으면서 의문나는 점이 있으면 입장을 취하며 듣는다.

5 • 약어, 부호, 심볼 등 적절한 기호를 사용하여 내용을 적는다.

6 • 내용이 바뀌면 약간의 여백을 둔다.

7 • 모든 내용을 적으려 하지 말고 핵심 내용을 간단명료하게 적는다.

8 • 들리는 단어를 그냥 적을 때도 있지만 늘 이해한 내용을 적는다는 생각을 하며 자신이 소화한 내용을 적는다.

9 • 메모하기보다 듣는데 더 주의하고 시간을 할애한다.

10 • 내용 전환이나 중요한 내용을 말하기 전에 감지할 수 있는 실마리 단서인 시그널 표현들을 포착한다.

> 대부분의 경우 말하는 사람은 열거하기 직전에 목소리의 톤이 바뀌거나 강조하기 위해 반복하는 경향이 있다.

메모로 올인 하려면?

1 • 언제 어디서나 메모하라.

좋은 생각이 떠올랐다면 때와 장소를 가리지 말고 즉시 메모하라. 나중으로 미루면 잊어버리기 쉬우며 설사 기억한다고 해도 시간이 지나면 내용이 달라지거나 왜곡될 가능성이 높아진다.

2 • 메모를 습관으로 하라.

3 • 메모는 기호, 심볼로 간단히 하라.

메모할 때 가장 중요한 것은 속도이므로 완성된 문장으로 적으려 하지 말고, 핵심 아이디어를 기호, 심볼 혹은 약어로 간단히 적는다. 말은 계속 발화되므로 다음 말을 놓치지 않기 위해서라도 떠오르는 그림이나 기호를 써서 즉각 메모하는 것이 바람직하다.

4 • 메모하고 잊어라.

메모로 얻는 시간을 창의적으로 활용하라.

5 • 메모를 보면 해야 할 일이 떠오를 수 있도록 하라.

6 • 메모를 수시로 활용하라.

메모는 하는 그 자체보다 얼마만큼 활용하느냐가 중요하다. 이전에 기록했던 메모를 다시 보는 습관을 들여야 적극 활용이 가능하다. 활용하지 않고 기록으로서만 남는 메모는 존재 가치가 없다. 다시 읽을 때 떠오르는 새로운 아이디어를 추가 메모해놓는다.

7 • 메모를 체득하라.

8 • 메모와 소통을 병행하라.

레오나르도 다빈치는 1452년 이탈리아 "빈치"라는 마을에서 공증인 세르 피에로 다빈치와 농부의 딸인 카테리나 사이에서 사생아로 태어났다. 같은 해에 아버지 세르 피에로는 알비에라 아마도리와 첫 번째 결혼을 했다.

그리고 다빈치가 다섯 살이 되던 해에 할아버지 안토니오의 세금 신고서에서 그의 이름이 발견된다. 레오나르도의 가계는 대대로 공증인 집안이었으므로 그들은 메모하는 습관이 몸에 배어있었다. 다빈치의 출생도 할아버지 안토니오의 메모 속에서 발견되었는데 다음과 같이 적혀있었다.

"내게 손자 한 명이 태어났다. 내 아들 세르 피에로의 아들로." 하지만 이 단 한 줄의 기록으로 레오나르도가 태어난 집과 자라난 장소, 그의 출생이 어떻게 받아 들여졌는지에 대하여는 실마리를 잡을 수가 없다.

레오나르도의 용모로 미루어보아 생모 카테리나는 매우 아름다웠으리라 생각된다. 훗날 어머니를 생각하며 레오나르도가 남긴 메모에는 다음과 같은 글귀가 있다. "초라한 누더기를 걸치고 치장도 전혀 하지 않은 두메산골의 농사꾼 아가씨들이 멋을 부린 도시 아가씨들보다 더 아름답다는 걸 너는 아는가?"

1505년경 레오나르도는 후세 미술평론가에게 극찬을 받게 될 불후의 명작 모나리자를 그리게 되는데 아직까지도 이 모나리자의 모델이 누구인지는 밝혀지지 않았다. 16세기 건축가이자 작가인 바사리는 "레오나르도는 프란체스코 델 조콘도를 위해 그의 부인 모나리자의 초상화를 맡아 4년 동안 노력을 했으나 완성하지 못한 채 내버려두었다."라고 말한 바 있다.

현재로서는 이 조콘도의 부인이 모나리자의 모델이라는 해석이 설득력 있게 받아들여지고 있다. 이 작품은 나라에 따라 달리 불리는데 이탈리아에서는 '조콘다', 영어권에서는 '모나리자' 라고 부른다. 바사리가 "완성하지 못한 채 내버려 두었다."라고 하여 이 해석을 반박하는 사람들도 있는데, 루브르 박물관에 전시된 그림은 완성된 것처럼 보이기 때문이다. 또 다른 이유는 초상화인데 의뢰한 사람에게 돌려주지 않고 레오나르도가 계속 갖고 있었기 때문이다.

누가 모나리자의 모델이었느냐에 관한 의견은 분분하지만 정확한 기록이 없어서 모나리자의 신비한 미소처럼 앞으로도 베일에 가려있을 것 같다.

I • 일반 수업이나 발표 내용 들으며 하는 메모

가장 많이 접하는 내용 전개 알림이 신호들을 정리해 보면 다음과 같다.

예1 | "한국사회에 부정부패가 만연하는 데는 세 가지 이유가 있는데......"

메모할 때 반응 | 드디어 나올게 나오는구나!

그냥 별 생각 없이 수동적으로 듣는 것이 아니라 자신의 견해에 견주어 반응을 하면서 들으면 보다 오래 기억이 된다.

예2 | "첫째.... 둘째.... 셋째...."

메모할 때 반응 | 열거가 나오기 시작하는구나!

열거가 나오므로 거의 기계적으로 메모의 속도를 내는 것이 좋다.

예3 | "여러 요인이 있지만 가장 중요한 것은......"

메모할 때 반응 | 이제 핵심이 나오는구나!

자연 메모를 한 후 핵심 내용임을 표시하게 된다.

1. 다음에 전개될 내용을 감 잡을 수 있게 해주는 신호 표현들.

반면	"On the other hand..."
반대로	"On the contrary..."
예를 들면	"For example..."
마찬가지로	"Similarly..."
게다가	"Furthermore..."
예로서	"As an example..."
	"For instance..."

2. 결론이나 요약을 암시하는 신호 표현들

그러므로	"Therefore..."
결론적으로	"In conclusion..."
결과적으로	"As a result..."
마침내	"Finally..."
요약해보면	"In summary..."
여기서 우리는	"From this we see..."

3. 좀 큰 목소리로 다음과 같은 표현을 말하면,

...을 기억하기 바랍니다 "Remember that..."

중요한 것은	"The important idea is that..." "The basic concept here is..."

집중해서 다음에 나오는 내용들을 들어야한다.

내용 전개를 유도하는 다음 표현들을 알고 있으면 흐름을 따라가는데 도움이 된다.

▶ 대조, 역접을 나타내는 표현:

그러나, 반면

conversely, however, but, despite, on the other hand

▶ 반복을 나타내는 표현:

반복하자면, 다른 말로 표현하면

in addition, even more, in other words

▶ 강조 표현:

특히, 가장 중요한 것은

specifically, most importantly, especially

▶ 나열, 순서를 나타낼 때 쓰는 표현:

그리고 "Then..."

두 번째로 "Secondly"

마지막으로 "Finally...", "Ultimately..."

▶ 종합할 때 쓰는 표현:

한 마디로 말하자면 "in brief"

결론은 "In conclusion..."

마무리하기위해 "To complete..."

이러한 이유로 "For this reason..."

▶ 부연할 때 쓰는 표현:

예를 들자면 "For example..."

달리 말하면 "In other words..."

▶ 인과관계를 나타낼 때 쓰는 표현:

왜냐하면 "Because...", "Accordingly..."

그래서 "Therefore...", "If...then..."

수업을 하는 선생님들이나 자주 발표를 하는 사람들은 이와 같이 다음에 나올 내용의 전개 방향을 감 잡을 수 있는 여러 신호들을 보내는데 이를 제대로 감지하지 못하는 학생이라면 그 다음 내용을 경청할 수 없을 것이다. 그러므로 이런 신호를 알아차리고 집중하여 듣고 메모하도록 한다.

메모할 때 열거가 나오기 시작하면 우리들의 공통적인 심정은 이제부터 좀 천천히 말을 해줬으면 하는 것이나, 대부분 사람들은 열거가 나오면 더 빨리 말을 한다. 이를 미리 알고 열거가 시작될 조짐이 보이면 거의 기계적으로 메모하는 속도를 더 빨리해야 핵심을 놓치지 않는다.

대부분의 강의 구성은 주요 핵심과 덜 중요한 부차적인 부분으로 이루어져 있으므로 부연 설명을 들으면서도 핵심을 잃어서는 안 된다.

본인이 나중에 다시 볼 때 알아볼 수 있도록 메모를 해야 한다. 시간 절약을 위해 부호나 심볼을 사용해도 되고 상황에 따라 임시변통의 약어를 사용해도 된다.

단, 아무리 금과옥조를 적어놓았어도 본인이 나중에 알아볼 수 없다면 그 메모는 무용지물이 된다. 예를 들어 핵무기에 대한 내용이라면 간단히 그 발표에 관해서는 "N"을 핵무기로 정해놓고 메모하면 쓰는 시간도 절약되고 듣는데 더 많은 시간을 할애할 수 있어 좋다.

메모를 할 때 철자나 문법은 틀려도 괜찮다. 중요한 것은 내용을 이해한 후 핵심을 메모하는 것이지 맞춤법 대회에 출전한 것은 아니다.

선생님이나 발표자가 칠판에 몇 자 적는 것은 반드시 메모하는 것이 좋다.

많은 선생님들이 칠판에 몇 자 쓰는 것 대부분이 시험에 나올 확률이 높다는 것을 간파한 학생들이 얼마나 되는지...

처음에는 자신이 필기한 내용과 선생님이 칠판에 쓴 내용과의 연관 관계를 잘 파악하기 힘들 때도 있지만 일단 적어놓으면 나중에 연관관계를 파악할 수도 있고 여러 모로 도움이 된다.

이 책을 읽는 독자 여러분은 가능하면 강의실의 앞줄에 앉는 것이 좋다.(필자는 학창시절 키가 작아 늘 맨 앞줄에 앉았지만) 주위를 산만하게 할 사람도 없고, 선생님 말씀도 잘 들리고, 칠판이나 스크린도 잘 보이니 그야말로 일석삼조이다.

숙제나 지시 내용은 늘 명확하게 써놓는다. 잘 이해가 안 되고 궁금한 점이 있으면 질문을 한다.

상황에 따라 메모도 달라지므로 어떤 용도로 어떻게 메모하는 것이 좋은지 알아두면 도움이 된다.

▶ 업무할 때 메모

- 하루 일을 시작하기 전에 처리해야 할 일 리스트를 메모한다.
- 일의 우선순위를 정해 메모하고 마친 일은 리스트에서 지운다.

▶ 전화를 할 때 메모

- 다른 업무 중 전화를 받았을 때는 상대방의 말 핵심을 메모해 둔다.
- 통화할 때 들은 숫자, 고유명사는 반드시 메모한다.
- 전화를 걸 때도 상대방에게 말할 내용, 요점을 미리 메모한다.

▶ 발표강연회나 세미나에서 하는 메모

- 누가 무엇에 대해 어떤 말을 했는지 메모한다.

▶ 네트워킹을 위한 메모

- 사람을 만난 후 명함을 받았을 경우 만난 날짜, 장소, 그 사람의 관심사를 명함에 간략히 메모한다.

▶ 아이디어가 떠올랐을 때의 메모

- 떠오르는 아이디어는 시간과 장소를 가리지 않고 메모한다.
- 회의나 협상 중에도 아이디어가 떠오르면 메모한다.
- 주위 사람들에게 들은 말과 느낌도 메모한다.

우리가 얘기를 들을 때 이해한 내용을 시각화하면 즉 이미지를 떠올리면서 들으면 기억하는 데 많은 도움이 되는 것을 쉽게 알 수 있는데, 그 이유는

우선

1 • 우리의 뇌는 무한한 연상결합 능력을 갖고 있으며,

2 • 연상되는 단어는 각 개인마다 차이가 있기 때문이다.

기쁨이란 단어를 들었을 때 애인을 생각하는 사람, 원하는 대학에 합격을 생각하는 사람 등 각 개인마다 떠올리는 대상이 다르다. 이는 우리가 어떤 문제점을 놓고 브레인스토밍을 할 때도 서로 다른 해결안을 제시하는 것을 보아도 알 수 있으며 또 그러기에 다양한 해결방법을 얻을 수 있다.

참고로 뇌의 다음 7가지 원리를 알면 창의적인 생각을 하고 기억하는데 많은 도움이 된다.

1 • 생각은 꼬리에 꼬리를 물고 연결 확장되어 나가는 시너지 효과가 있다.

2 • 제시된 목표를 달성하는 방향으로 전개되어 나가는 성공 지향적이다. 그러므로 우리의 목표를 정기적으로 업데이트하는 것이 바람직하다.

3 • 선천적으로 모방 대상을 찾고 행동, 기능을 따라하는 모방 능력이 있다. 그러므로 역할 모델을 찾는 것이 중요하다.

4 • 어떤 상황을 파악하는 과정에서 무의식중에 빈 곳을 찾아내고 채우려는 완결 추구 속성이 있다.

5 • 두뇌에 활력을 주는 양분인 새로운 정보를 섭취하고자 한다.

그러므로 전문지식을 얻을 수 있는 잡지를 구독하는 것이 좋으며, 다른 분야와 교류를 통하여 적극적으로 새 지식을 받아들인다.

6 • 입수된 정보를 지식으로 축적하는 과정에서 정보의 근원이나 논리적 진실을 추구하려는 노력을 한다.

7 • 한번 시작하면 끝까지 하려는 지속성을 갖고 한다. 그러므로 익숙하지 않은 일이라도 인내심을 갖고 추진하는 것이 좋다.

우리의 뇌가 학습 과정에서 다음과 같은 것을 잘 기억한다는 사실이 연구 결과 밝혀졌다.

- 학습 단계에서 제일 처음 받아들인 것
- 학습 단계 중에서 제일 마지막에 받아들인 것
- 이미 알고 있는 내용이거나 다른 사안들과 연관이 있는 것
- 눈에 띄거나 특이한 방법으로 강조된 것
- 오감 중 한 감각에 특히 강하게 와 닿는 것
- 특히 관심이 가는 것

참고로, 서울대 강봉균 교수팀에 의하면 기억을 떠올릴 때 뇌 속에서 단단한 기억저장 부위가 풀렸다가 다시 결합하는 과정이 일어난다고 한다. 즉, 우리가 어떤 사건이나 지식을 기억할 때 뇌 안에서는 신경세포와 신경세포가 만나는 시냅스란 곳이 평소보다 더 단단하게 결합한다. 한번 저장된 기억을 다시 끄집어낼 때 시냅스를 단단하게 만든 단백질이 분해되면서 시냅스가 풀리고, 결국 저장된 기억을 내놓는다. 또 이 과정이 기억을 재구성하는 데 반드시 필요하기 때문에, 이 과정을 억제하면 기억이 변형되거나 사라지는 것도 불가능해진다.

우리가 기억을 떠올리며 회상해 낼 수 있는 능력은 연상과 강조에 많은 영향을 받는다.

우리의 뇌는 패턴과 완성을 추구하는 성향이 있어서 예를 들어 "하나, 둘, 셋..."하면 그 다음 "넷"하고 싶어진다. 또 "너에게 얘기할 것이 있는데... 아, 미안해. 아무에게도 얘기 안하기로 했어..." 이런 말을 듣는다면 그 이야기를 끝까지 듣고 싶은 충동을 느낀다.

참고로 말을 들으며 이해할 때 자연스럽게 일어나는 연상 작용에 대해 살펴보기로 하자.

우리는 이야기를 들으며 이해를 한다. 여기서 이해한다는 것은 듣는 사람이 그 동안의 경험을 통해 축적된 여러 지식을 동원하여 들은 내용을 이해하는 것이다. 다시 말해 이해한다는 것은 이야기를 들으며 그 내용을 자신이 갖고 있는 지식을 바탕으로 분석한 결과이다. 이 분석에는 직관적인 분석도 있지만 언어적인 분석도 물론 포함된다.

이해를 하면서 여러 연상 작용이 일어나는데 보다 적극적으로 연상 작용을 일으켜 시각화 즉 이미지로 떠올리는 것이 들은 얘기를 기억하는데 도움이 된다. 여러 생각들이 연상 작용을 일으키면서 메시지의 의미가 파악되는 것이다. 말을 통해 전달되는 메시지의 의미 포착은 즉각적인 분석으로 가능하며 이 분석 과정은 듣는 사람의 집중력과도 밀접한 관계가 있다.

우리 뇌는 크게 다섯 가지 기능을 수행한다.

1 • 오감 중 하나로 받아들이는 수신 기능
2 • 정보를 저장하는 능력 즉, 기억 보존력과 저장되어 있는 정보에 접근하는 능력으로 회상 능력을 포함하는 기억 보유 기능
3 • 인식하고 정보를 처리 분석하는 기능
4 • 생각을 포함하여 커뮤니케이션 또는 어떤 창조적인 표현 즉, 생산 기능
5 • 정신적 육체적 모든 기능에 대한 통제

우리가 일상생활에서 늘 경험하듯이 이 다섯 기능은 상호 기능을 강화하는 역할을 한다. 예를 들어 관심이 있거나 강조되면 쉽게 받아들일 수 있다. 정보 수신이 능률적으로 이루어지면 정보를 보유하고 분석하는 작업은 자연히 수월하게 이뤄진다.

> 이제 문맹은 더 이상 글을 읽을 줄 모르는 사람이 아니라,
> 배우는 방법을 모르는 사람이다.
>
> 앨빈 토플러

마인드 맵

우선 마인드맵이란 문자 그대로 '생각의 지도' 란 뜻이다. 자신의 생각을 지도 그리듯이 이미지화해서 사고력, 창의력, 기억력을 한 단계 높인다는 두뇌 개발 기법이다.

우리는 종종 어떤 문제에 대하여 생각하다가 시간이 지나거나 계속 생각의 연상이 진행되면 이미 생각한 내용의 일부를 잊게 되고 다시 생각해 내기가 어렵게 된다.

연결되는 일련의 생각을 잘 상기시켜주는 마인드맵은 영국의 심리학자 토니 부잔이 1960년대 브리티시 컬럼비아대학교 대학원을 다닐 때 두뇌의 특성을 고려해 만들어냈다. 부잔은 일부 사람들은 그림과 상징물을 활용해 배우는 것이 훨씬 더 효과적이라는 생각이 들어 '마인드맵' 을 고안해 냈다.

학습법과 기억력뿐 아니라 업무 능력 향상 등에도 효과가 있는 것으로 알려져 각국의 학교들뿐만 아니라 IBM, 보잉 등 여러 유수 기업들이 마인드맵 기법을 직원 교육에 적극 활용하고 있다.

토니 부잔의 '마인드 매핑' 에 소개된 두뇌 실험 결과에 의하면, 두뇌는 기억에 새기고 회상하는 능력뿐만 아니라 믿을 수 없을 만큼 빠른 속도로 정확성을 잃지 않고 인식한 사물을 기억하고 회상하는 능력이 있다. 또 인간 두뇌의 영상 인식 기억 능력은 거의 무한하다고 한다.

예시1〉 마인드 맵

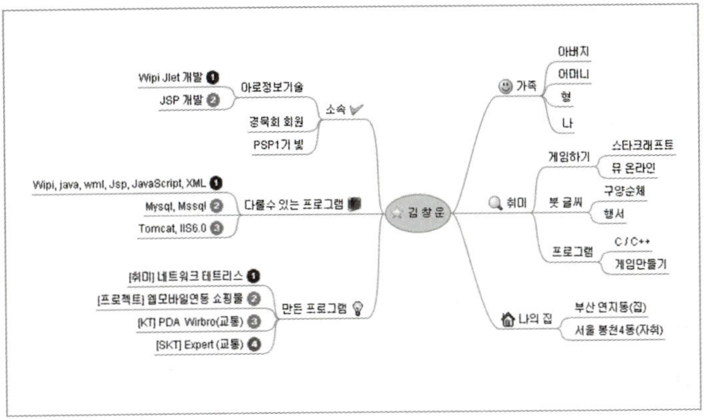

출처- http://cafe.naver.com/pspbit/47

예시2〉 마인드 맵

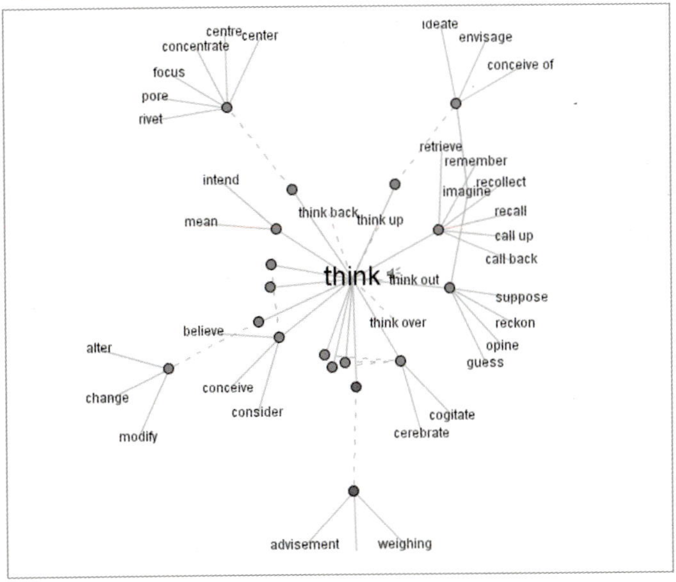

출처- http://cafe.naver.com/mindmapacademy/3

우리말에 "백 번 듣는 것보다 한 번 보는 것이 낫다"라는 속담이 있듯이 영상은 방대한 범위의 뇌 피질 기능 즉 색상, 형태, 선, 입체, 촉감, 시각적 리듬 그리고 특히 상상력 –상상력이란 단어는 라틴어 imaginari에서 파생된 것으로 문자 그대로 '정신적인 그림'을 뜻 한다– 을 최대한으로 이용하고 있다.

그러므로 영상 혹은 정신적인 그림은 단어보다 더 강하고 폭넓은 연상 작용을 불러일으킴으로써 창조적 사고와 기억 능력을 강화시킨다.

영상이 배제된 전형적인 노트 필기 방법이 내용을 생각해 내고 기억하는데 도움이 되지 않는 것을 쉽게 알 수 있다.

참고로, 이미지는 글보다 더 즉각적이며 감정적인 힘을 갖고 있으며 글은 이성적인 힘을 갖고 있다.

메모 할 때 자주 사용하는 기호

노트를 할 때 필자가 자주 활용하는 기호들은 다음과 같다.

노트는 크게 두 형태로 나눠볼 수 있다.

1 • 심볼 : 그림이나 표의문자로 표기하기
심볼과 문자를 같이 혼합해 표기하기

2 • 문자 : 문자를 줄이던가 약자로 표기하기

❶ 심볼

: 웃는 입 모양을 그린 것으로 만족을 표시한다.

: 화난 입 모양을 그린 것으로 불만이나 유감의 뜻을 나타낸다.

: 빠르다

: 늦다

: 아이스크림을 그린 것으로 관심 있는 상태를 표시한다.

: ~부터

: ~까지

: 증가

: 감소

: 교환, 교류

 : 기본, 바탕

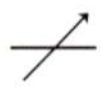 : 일어나다. 발생하다

 : 피하다

 : 과거

 : 미래

——— : 밑줄을 그은 것으로 강조할 때 사용한다.

 : 협상 테이블을 표시하므로 협상을 표시한다.

 : 차바퀴를 표시하므로 교통을 표시한다.

 : 우산을 표시하므로 보호를 표시한다.

+, & : 그리고 (and, plus)

= : 같음 (equals)

— : 빼기 (minus)

X : 번 (times)

〉 : 더 큰 (greater than, more, larger)

〈 : 더 작은 (less than, smaller, fewer than)

w/ : 같이 (with)

w/o : 없이 (without)

w/in : 안에 (within)

-------> : 로 된다 (leads to, produces, results in)

<------- : 에서 온다 (comes from)

/ : 당 (per)

Σ : 합계

▶ 간단하게 심볼로 표시하기

1° : 첫 번째로 primary

2° : 두 번째로 secondary

♡ : 마음 heart 心 하트모양이나 한자 心 이나 먼저 떠오르는 것으로

∴ : 그러므로

∵ : 왜 그러냐 하면은

∞ : 무한대

∽ : 위치 전환

▶ 예를 들어 보면,

예1 | The diameter of the Earth is four times greater than the diameter of the Moon.
지구의 지름은 달의 지름보다 4배나 크다.

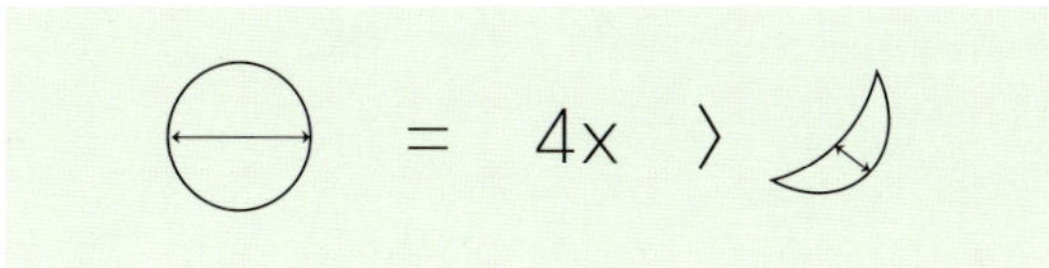

"지구 지름 = 4x 〉 달 지름"으로 표시 할 수 있다.

 는 '지구의 지름' 을 뜻하고

 는 '달의 지름' 을 뜻한다.

예2 | 김관장은 "물가를 올리지 않겠다" 고 말했다.

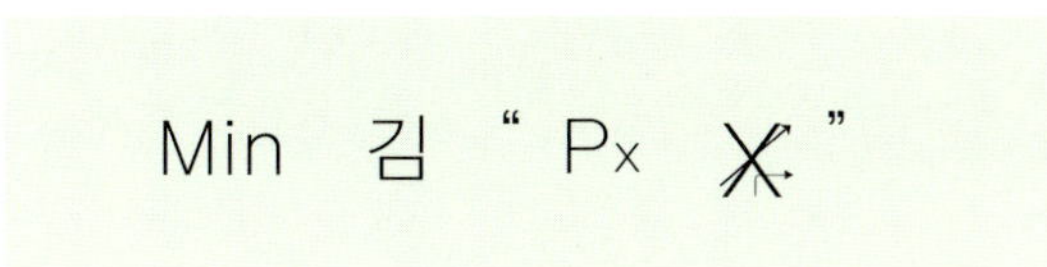

Min	장관(minister)을 뜻하고,
Px	물가, 가격을 뜻하고,
	오르다
	'오르다' 의 미래형이고
	'올리지 않겠다' 는 부정형이다.

한자를 전혀 모르는 학생이라면 다음과 같이 쓰면 되지만, 우리 대부분은 기본적인 한자를 알고 있으므로 적재적소에 사용할 수 있다. 특히 쓰는데 획수가 적어 경제적인 한자는 손쉽게 적절히 사용할 수 있다. 심볼이나 부호는 의미를 표현하기 위한 것인데 한자가 바로 표의문자가 아닌가?

large 는	대	(大)
small 은	소	(小)
young 은	소	(少)
middle 은	중	(中)
man 은	인	(人)
exist 는	존	(存)
Wood 는	나무 목	(木)
fire 는	불 화	(火)
soil 는	흙 토	(土)

심볼 & 문자 표기

거의 전 세계 공통으로 여러 모로 유용하게 쓰인다.

 : 이것은 '國' 자를 표시한 것으로 유학 시절에 이 기호를 알게 되었는데 유럽 통역사들은 이것이 한자에서 나온 표시인지도 모르면서 참 자주 사용한다.

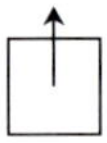 : 화살표가 위로 올라가므로 선진국을 의미한다.
industrialized / developed country

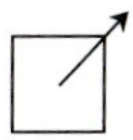 : 화살표가 사선 방향으로 올라가 개도국을 의미한다.

developing country

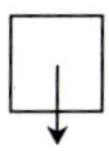 : 화살표가 밑으로 내려가므로 후진국을 의미한다.

underdeveloped country

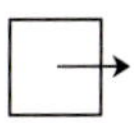 : 나라에서 화살표가 밖으로 나가는 모양이므로 수출을 의미한다.

exportation

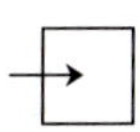 : 나라 안으로 화살표가 들어오므로 수입을 의미한다.

importation

* 자주 언급되는 지역이나 나라 이름도 다음과 같이 간단히 표시하면 메모를 하는데 많은 시간 절약이 된다.

 : 유럽(Europe)의 E자를 옆으로 눕힌 모습.

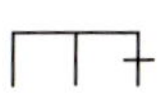 : 동쪽에 − 표시를 했으므로 동유럽을 가리킴.

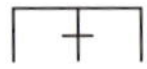 : 가운데에 - 표시를 했으므로 중부 유럽을 가리킴.

 : 서쪽에 - 표시를 했으므로 서유럽을 가리킴.

 : 미주 대륙의 모습이므로 미주를 가리킴.

 : 미주 대륙 북쪽에 - 표시를 했으므로 북미를 가리킴.

 : 미주 대륙 가운데에 - 표시를 했으므로 중미를 가리킴.

 : 미주 대륙 남쪽에 - 표시를 했으므로 남미를 가리킴.

❷ 문자 표기

▶ 줄여 쓰기

A　　원자력의 (atomic)

By　　부차적인

Q & A	질의 응답
to Q	기다리다, 줄을 서다
X	교차
V	승리

국가 표시

US	미국 the United States를 가리킴.
J	일본 Japan
D	독일 Deutschland
F	프랑스 France
GB	영국 Great Britain
CH	스위스
NL	네덜란드
EU	유럽 연합
α	알파, 즉 '시작' 을 뜻한다.
Ω	오메가, 즉 '끝' 을 뜻한다.
NK	북한
SK	한국

▶ 뒤에 오는 몇 자모를 생략한다.

예를 들어 자주 나오는 교역이란 의미의 "trade"를 "TR"로, 적절한 "appropriate"를 "approp."로 줄일 수 있으며, "productivity"를 "prody"로 줄일 수 있다.

▶ 중간의 몇몇 모음을 생략한다.
예를 들어 큰 "large"를 "lrg."로 할 수 있다.
"confirmation"을 "cnf' n"으로 줄일 수 있다.

between = btwn

patient = ptnt

모음을 빼고 쓰는 것도 좋은 축약 방법이나 금방 써지지 않으면 굳이 하지 않아도 된다.

짧아서 요긴하게 쓸 수 있는 영어 단어들

tax	세금
cut	인하
aid	지원
ban	금지
gap	차이
tie	관계
act	조치
ask	요청하다
by	대리

com 의사소통
do 업무
hot 현안
in 유행
jam 포화
use 사용하다
bid 입찰

짧아서 요긴하게 쓸 수 있는 미국 영어 표현들

Hi! 환영
Bye! 환송
Go! 출발
Nix! 결코
Gee! 놀라움
Wow! 경탄

짧아서 요긴하게 쓸 수 있는 변형된 표현들

Biz 비지니스
Hi-Lo 높고 낮음
Prez 대통령, 의장, 주재하다
Sked 일정을 잡다, 날짜를 정하다
Nuke 원자력

Ref	참조 (reference)
d-mkg	결정 (decision-making)
RE	관하여
VIP	귀빈, 주요 인사
U	당신 (you)
4 U	당신을 위해 (for you)
ibid.	같은 출처에서 (ibidem, 라틴어로 'in the same place' 라는 뜻)
op.cit.	(opere citato, 라틴어로 앞서 인용한 작품에서 'in the work cited')
ff.	다음 페이지
pp.	페이지들 pages
cf.	비교 (compare)
&	그리고 and
B	그러나 but
X	제외하고 except
etc.	등등

▶ 머릿글자를 따서 약어로 만들어 쉽게 기억하는 방법도 활용할 수 있다.

social, technological, economic, political을 STEP으로 strengths, weaknesses, opportunities, threats을 SWOT로 Keep it simple & short를 KISS로 해서 익히면 쉽게 기억된다.

이와 같은 기호들은 필요에 따라 만들어지는 것이다. 즉 메모를 할 때나 반드시 이러한 기호들을 사용해 내용을 적어야 한다는 법칙은 없다.

통역의 경우를 예를 들어 말하자면 어떤 통역사들은 이 기호들을 사용하지 않으면 안 되는 것처럼 기호 자체를 외우는데 지나치게 몰두한다. 그래서 때로는 통역을 하면서도 이 기호들을 기억해내는데 전력을 다해 정작 통역 내용을 놓치는 어처구니없는 일도 생긴다.

하지만 이 기호들은 누군가에 의해서 점진적으로 개발된 것일 뿐이다. 이 기호를 사용하는 것은 어디까지나 해당 통역사의 자유이고 혹시나 다른 기호나 표현수단이 자연스럽게 떠오른다면 그때는 그 것을 사용해서 메모하면 된다. 중요한 것은 나중에 보면 들은 내용이 생각나는 그런 메모를 하는 것이다.

빨강머리 앤

우리가 어릴 때 감명 깊게 읽었던 "빨강머리 앤"은 어릴 적부터 메모하는 습관이 있었던 루시 모드 몽고메리 여사가 어느 날 우연히 발견한 자신의 메모 속에서 "어떤 노부부가 양아들을 삼기로 했는데 여자애가 잘못 들어오게 되었다"는 메모를 발견하고 그것을 토대로 이야기를 쓴 것이라고 한다. 몽고메리 여사가 메모를 해두지 않았더라면 이 불후의 명작은 세상에 빛을 보지 못했을 것이다.

그렇다면 좋은 생각을 잊지 않기 위한 예방법이라도 있을까?

물론 있다. 바로 앞에서 말한 '메모' 즉 '쓰는' 습관이다. 아이디어는 항상 우리 주변에서 시도 때도 없이 아무 데서나 떠올랐다가 물거품처럼 사라지는 것이므로 즉시 메모하는 습관을 가져야 한다. 역사적으로 유명한 사람들은 물론 요즈음 주위의 성공한 사람들도 관찰해보면 공통점은 스쳐가는 생각들을 놓치지 않고 메모 하는 습관이 있다.

링컨은 모자 속에 항상 종이와 연필을 넣고 다니면서 떠오르는 좋은 생각이나 남에게서 들은 말을 즉시 메모하는 습관을 가진 덕분에 정규 학교를 다녀 본 일도 없는 그가 세계 역사상 가장 훌륭한 정치가가 되었다.

링컨은" 모든 사람은 평등하다" 는 미국의 건국 신념을 지속시키기 위한 싸움에서 병사들이 목숨을 바쳤던 위대한 목적에 대해, 살아남은 사람들이 한결 더 헌신할 것을 결심해야 한다고 말하면서, "국민의, 국민에 의한, 국민을 위한 정치를 지상에서 소멸하지 않도록 하는 것" 이야말로 그 목적이라고 연설을 끝맺었다. 이것을 흔히 링컨의 5분간 연설' 이라고 하지만 실제로는 2~3분간의 연설이다. 오늘날에도 명연설로서 자주 인용되고 있으며, 특히 끝맺음의 문구는 민주주의의 정신을 가장 간결하고 적절하게 나타낸 것으로 유명하다.

링컨의 게티즈버그 연설이 왜 지금까지 사람들에게 감동을 주고 뇌리에 남아 있는 지를 분석한 결과를 살펴보면 다음과 같다. 신념과 용기를 불어넣어 줄 수 있는 말이 담겨있고, 사람들이 누구나 쉽게 알아들을 수 있는 간결한 표현들로 자신의 생각을 피력했기 때문인데 이 역시 늘 메모하는 습관 때문이라고 생각한다.

1809. 2. 12 - 1865. 4. 15

Abraham Lincoln

시라크 대통령과 필자의 인연은 벌써 이십 년 전으로 거슬러 올라간다. 당시 파리 시장이었던 시라크 시장은 일본, 중국, 한국에 관해 실로 해박한 지식을 갖고 있었다. 한국 문화에 대해 말씀하시면서 몇 세기에 만들어진 한국 자기라고 말씀하시며 17세기인지 18세기인지 확인해보시겠다고 메모를 하셨다. 그 다음 몇 달 후에 뵐 기회가 있었는데 제작 시기를 찾아보셨다며 18세기라고 말씀하시는데 놀랄 수밖에 없었다. 그 해박함에 이미 내 무지가 압도당했었는데 정확히 알려고 직접 메모했다가 확인한 정보를 몇 달 후 말씀하시는데 그 지적 호기심과 메모의 효용에 혀를 내둘렀다. 2000년 3월 파리에서 뵈었을 때나 2000년 10월 한국 국빈 방문과 ASEM 정상회의에서 뵈었을 때도 변함없이 궁금한 점과 기억하고 싶은 점을 메모하고 계셨다.

1932. 11. 29

Jacques René Chirac

과연 무엇을 메모 할 것인가? 같이 메모 해보기

1 • 핵심 아이디어, 키워드

2 • 숫자, 고유명사, 전문용어와 같이 우리 기억력에 과부하가 걸릴 수 있는 내용

"한국의 2008년 GNP는 20,000불입니다."

여기서 GNP 다음 숫자를 노트테이킹 해놓지 않는다면 외우고 있어야 통역할 때 정확히 말할 수 있다. 그러므로 노트를 해 놓음으로써 굳이 기억하지 않아도 된다.

K GNP = $ 20,000(2008)

K	'한국' 을 뜻하고,
(2008)	2008년 이며 연도는 ( ) 안에 넣으면 좋다.

3 • 상황을 설정해주고 발화되며 전개되어 나가는 논리 흐름을 표시해주는 동사의 시제나 연결고리를 나타내는 연결어

"영국은 런던 지하철 테러사태 이후 공항의 경비와 안전 검문을 강화했다. 그러므로 공항에 나갈 때는 평상시보다 좀

더 일찍 나가야 한다.

GB ├→ Ter. Sub.
f ↗ sty ↵
∴ to Go airpt. ely

GB	는 '영국' 을 뜻하고,
├→ Ter. Sub.	는 '지하철테러사태 이후' 를 뜻하고,
F ↗	는 '강화' 를 뜻하고,
sty ↵	의 ↵는 '과거' 즉 '안전검문' 을 강화했다.
to Go	는 '가다' 를 뜻하고,
airpt.	는 '공항' 을 뜻하고
ely	는 '일찍' early를 뜻한다.

메모의 5계명

1 • 열심히 들어라.

2 • 모든 단어를 쓰려고 하지 말라.

3 • 핵심 아이디어, 핵심 내용, 핵심 정보를 써라.

4 • 나름대로 축약해서 쓰는 방법을 개발해라.

5 • 메모 노하우도 역시 많이 해볼수록 잘 할 수 있다.

어떻게 메모를 해야 하는가?

1 • 발표 내용을 계속적으로 주의 깊게 들어야 한다.

2 • 말하는 단어를 일일이 받아 적지 말고 그 의미를 메모해야 한다.

3 • 연사의 말을 집중해서 듣는 데 방해가 되지 않도록, 들었을 때 맨 처음 떠오르는 단어나 기호를 적는다. 어느 언어로 쓰는 것이 좋다는 정해진 규칙은 없으므로 내용을 쉽게 상기시킬 수 있는 것이면 어느 것이든 상관없다.

때에 따라서는 출발어도 도착어도 아닌 제3의 언어로 표기하기도 한다.

특히 대부분의 한국인 통역사의 경우 수백 개의 한자를 알고 있으므로 표의문자인 한자를 적시에 이용할 수 있다.

필자의 경우 한국어-불어를 통역할 때에도 경우에 따라서는 한자 또는 영어로 표기하기도 하는데 이는 앞서 언급했듯이 가장 먼저 떠오르는 단어나 기호로 적기 때문이다.

예1 | "그 건물은 매우 크다."

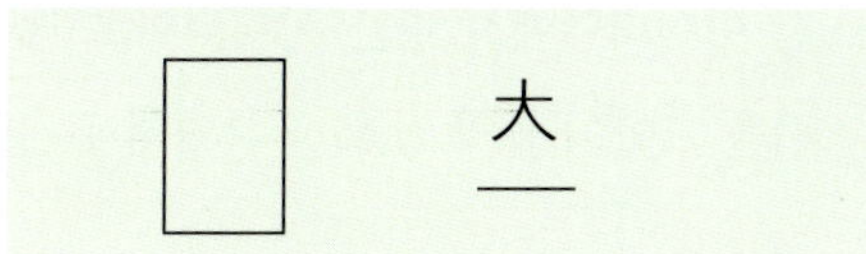

 는 '건물' 이고,

大 는 '크다' 이고, 大밑의 ___는 '매우' 크다는 뉘앙스를 표시한것이다.

예2 | "우리들은 그 의견을 지지합니다."

We 는 '우리' 를 뜻하고,

op. 는 '의견' opinion을 뜻하고,

 는 '지지한다' 를 뜻하는 받침대이다.

4 • 분석하며 이해한 내용을 쓰는 것인 만큼 가능하면 별다른 노력 없이 자연스럽게 도착어로 쓸 수 있으면 도착어로 쓰는 것이 바람직하다. 도착어로 쓴다는 것은 출발어로 듣는 순간 쓰는 것보다 들은 내용을 분석한 후 표기한다는 것을 뜻한다.

5 • 메모를 할 때에는 수평으로 하지 말고 되도록 수직으

로 하여 내용의 흐름이 한눈에 들어오도록 한다.

6 • 한 아이디어에서 다른 아이디어로 내용이 바뀌면 횡선을 그어 내용의 전 환을 분명히 표시한다.

예 | "기업들의 사업 환경은 점점 어려워지고 있으며, 경쟁은 점점 심화되고 있다. 그렇지만 불철주야로 노력을 하면 이러한 어려움을 극복할 수 있다."

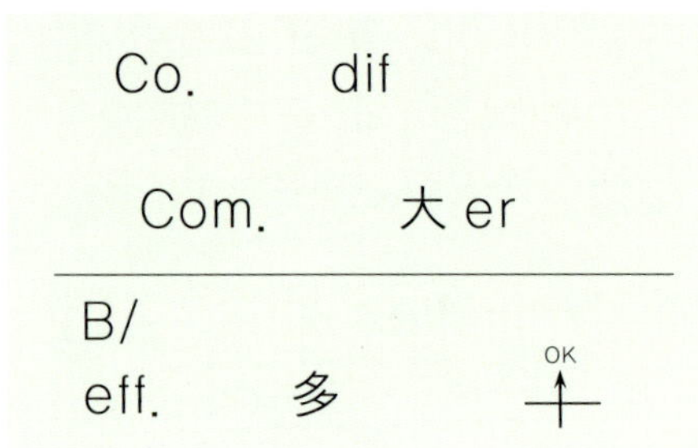

Co.	'기업' 을 뜻하고
dif	'어지러워지고' 를 뜻하고
Com.	'경쟁' 을 뜻하고
大 er	'심화된다' '커진다' 를 뜻한다.
———	가운데 횡선은 내용이 바뀌는 표시다.
B/	'하지만' (but)을 뜻하고
eff.	'노력(efforts)' 을 뜻하고
多	'많이' 를 뜻하고
OK ↑	'극복하다' 를 뜻한다.

7 • 내용의 뉘앙스를 잘 살려서 적도록 한다. 미묘한 뉘앙스를 모두 기억하기란 쉬운 일이 아니므로 어떤 형태로든 표시를 해놓을 필요가 있다.

예 | 유로화가 아주 큰 폭으로 오르고 있다.

€ 는 '유로화' 를 뜻하고

↗ 밑에 밑줄을 여러 번 그음으로써 아주 "큰" 폭이란 뉘앙스를 표시한다.

8 • 자주 사용되는 단어는 기호나 약어로 표시할 수 있다. 그렇다고 해서 막상 통역할 때 도움이 되기는커녕 혼란만을 초래하는 '불가사의한 언어' 를 만들어내지는 말아야 한다.

9 • 열거되는 내용이나 고유명사, 숫자는 반드시 정확하게 받아 적어야 한다.

예 | 이번 한일 공동월드컵 4강전 출전 국가는 한국, 독일, 터키, 브라질입니다.

- SK
- D
- T
-

시간부족으로 네 번째 줄에 나라를 표시못했지만 "-" 만이라도 표시함으로써 표현단계에서 "-" 만 보고도 브라질을 말할 수 있다. 국가 이름을 4개 들었는데 3개 밖에 못적었으면 - 표시를 해 한 국가가 더 있는 것을 표시해두어야 한다.

10 • 연결어는 왼쪽 상단에 표시하고 /을 그어 구분한다.

예 | 그러나 우리는 한국의 이미지를 세계에 알렸다.

B/

We K Img Kn∅

B/ 는 '그러나' (But)를,

We 는 '우리' 를,

K Img 는 한국의 이미지를 뜻하고,

Kn 은 '알렸다' (know)를 뜻한다.

Kn↲ 의 ↲ 는 과거 즉' 알렸다' 를 뜻한다.

∅ '세계' 를 뜻한다.

11 • 순차 통역에서 노트 테이킹의 역할은 통역사가 들은 내용을 쉽게 상기 시킬 수 있고 일일이 다 기억하지 않아도 되게 해주는 일종의 보조 수단이다.

메모는 기억을 도와주는 보조 수단인 목발이지 기억을 대체하는 의족이 아니지 않은가.

II • 통역사들의 메모 유형

통역사들이 하는 메모란 화자의 말을 분석하여 통역사 자신이 나중에 알아볼 수 있도록 간편한 기호나 축약된 약어를 사용하여 메모를 하는 것일 뿐이다. 통역과정은 세 단계로 나눌 수 있다.

1단계, 듣는 단계, 즉 내용을 이해하는 단계이다.

2단계, 뜻을 파악해서 기억하는 단계, 즉 내용 전체를 분석하고 종합하는 단계이다.

3단계, 이렇게 자신의 머릿속에 분석, 종합된 내용을 청중들이 알아듣기 쉽도록 표현하는 단계이다. 즉, 커뮤니케이션 행위가 일어나는 단계인 것이다.

이렇게 통역과정을 세 단계로 나누어볼 때, 메모를 하는 단계는 통역 과정의 한 단계는 아니고, 그저 분석한 내용을 쉽게 기억하게 해주는 보조 작업 정도라 할 수 있다.

통역사들이 하는 메모는 강연이나 강의를 자주 듣는 사람들, 또는 그 반대로 강연이나 회의 발표, 보고를 자주 해야 하는 사람들에게도 적잖은 도움이 된다. 그러므로 누구나 이 적극적 메모에 대해 조금 맛을 보면 도움이 될 것 같아 소개하고자 한다. 우선 발표 내용을 듣고 리포트 해야 하는 사람들을 위해 효율적으로 듣고 메모하는 룰이 무엇인지 알아보자.

PART 2

이렇게 들어라

들을 때는 의미를 분석적으로 듣는다. 즉, 들으면서 자신이 알고 있는 지식과 대조해보며 입장을 취하면서 들으면 기억하기 쉽다.

이렇게 들어라

자신이 말하는 것보다 남의 말을 잘 들으라고 조물주가 입은 한 개, 귀는 두 개를 만들었다는 말도 있듯이 잘 듣는 것 즉 경청은 소통의 핵심이며 지혜이다.

래리 바커가 '경청의 힘' 에서 언급했듯이 소통을 제대로 하지 못하고 설득에 실패하는 사람들의 공통점은 상대의 말은 커녕 자신이 한 말조차 기억하지 못한다. 또 열심히 들은 상대방이 가끔 던지는 한두 마디에 무의식적으로 민감하게 반응하기도 한다. 상대방의 말을 열심히 경청하는 사람은 말하는 사람의 마음을 열고 믿음을 불러일으켜 오히려 말하는 사람이 듣는 사람에게 설득을 당하는 역설적인 효과를 유발하기도 한다.

한 사람의 능력은 자신의 순수한 재능에 커뮤니케이션 능력을 곱한 것과 같다고 한다. 상대방을 설득하는 힘은 말하는 데에서 나오지 않고 공감하며 집중해서 듣는 경청에서 나온다. 나 자신을 상대방에게 어필하고 마케팅하기 위해서는 듣는 데 80%, 말하는 데 20%의 시간을 할애하라고 휴넷의 조영탁 대표는 경청의 원칙을 제시하기도 했다.

또 소통이란 말하고자 하는 바 즉 메시지를 상대방에게 주입시키는 것이 아니라 커뮤니케이션을 하는 자기 자신 즉 메신저를 파는 일이다. 메신저의 신념이 상대방에게 전달되어야 메시지에 담겨진 스토리가 전달되는 것이다. 커뮤니케이션을 하며 설득력을 갖는다는 것은 말을 많이 하는 것이 아니라 짧게 말하고 상대방의 말을 집중해서 들으며 공감대가 형성되는 것이다.

가장 고도의 듣기 수준이라고 볼 수 있는 공감적 경청에 이르는 것이다.

남의 말을 듣는 것보다는 자신의 생각을 피력하고 싶은 것이 인간의 본능이기에 소통의 지혜가 경청인 것은 알지만 잘 실천이 되지 않는데 어려움이 있다. 상대방이 말하는 도중에 치고 들어가 자르거나 다른 생각을 하고 있다면 커뮤니케이션은 이루어질 수 없을 것이며, 나아가 진정한 소통을 할 수 없다면, 마음이 통할 리는 더욱 없다. 그러기에 상대방의 말을 잘 듣는 것이 바로 커뮤니케이션의 시작이며 핵심인 것이다.

한 번 주위를 살펴봐라. 커뮤니케이션을 잘 한다는 사람치고 상대방의 말을 건성으로 듣는 사람은 없을 것이다. 필자가 지금까지 만난 소통의 달인들은 거의 대부분 상대방의 말에 관심을 갖고 적극적으로 듣는 사람들이다.

듣기 노하우

1 • 긍정적인 자세와 마음을 갖고 상대방의 말을 들어라.

2 • 듣고 싶은 말이라고 느끼게 해주어라.

3 • 상대방을 바라보며 올바른 시선처리를 하라.

이야기를 듣는 척 하면서 시선은 다른 곳을 향해 있다면 상대방의 말에 관심이 별로 없다는 것을 뜻한다.

4 • 듣고 있는 이야기에 몰입하라.

상대방의 말에 몰입해 공감대를 형성한다는 것이 결코 쉬운 일은 아니지만 집중해 몰입하는 것은 최고의 경청 자세이다.

5 • 맞장구를 치면서 들어라.

맞장구를 치면서 상대방의 이야기를 들으면, 말하는 사람도 더욱더 신이나 이야기를 하여 소통의 효과는 커진다.

6 • 인내심을 가져라.

7 • 질문하라.

8 • 말하는 사람을 편하게 해 주어라.

나는 듣는 것을 좋아한다.

주의 깊게 들음으로써 나는 많은 것을 배웠다.

그러나 대부분의 사람들은 들으려 하지 않는다.

E. 헤밍웨이

I like to listen.

I have learned a great deal from listening carefully.

Most people never listen.

어떻게 듣느냐에 따라 다음과 같이 나눠볼 수 있다.

1 • 건성으로 듣기

신문이나 TV를 보면서 건성으로 듣는 것으로 말을 하고 있는 배우자에게 심지어는 "좀 조용히 해"라고 말하면서 가로막기까지 하여 배우자 듣기라고도 한다.

2 • 수동적 듣기

상대가 하고 있는 말을 가로막지는 않지만, 공감은커녕 집중도 하지 않고 말하도록 내버려두는 듣기 수준이다. 말하는 사람도 주제에 집중을 못해 자신이 지금 어디까지 말했는지도 생각이 나지 않고 산만해져 생각을 가다듬어 새 아이디어를 내기가 어렵다.

3 • 적극적 듣기

이야기를 집중해서 공감하며 듣는다. 상대방과 눈을 맞추고 고개를 끄덕이며, "어머나!" "그래서요?" 하는 반응을 보이며 듣는다. 적극적으로 들으면 말하는 사람은 신이 나서 더 많은 얘기 보따리를 풀게 되며 상대방이 자신을 존중해주고 있다는 느낌을 받게 된다.

우리가 이야기를 할 때 말은 메시지의 7%만 전달하고 나머지 93%는 말하는 사람의 어조와 음성, 표정, 제스처 등에 실려 전달된다고 하니, 말만을 피상적으로 듣는 것은 빙산의 일각만을 보는 것과 같다.

같은 이야기라도 들으면서 공감을 해주면 말하는 사람은 상대방이 이해를 해주므로 더 많은 이야기를 하는 반면 건성으로 들으며 즉각적인 반응을 한다면 원래 하려고 했던 이야기의 반도 하지 않고 마쳐버린다. 그러므로 상대방의 말을 집중해서 잘 듣는 것은 타인에 대한 배려의 기본이며 소통의 시작이다.

어떻게 들을 것인가?

1. 들을 때는 의미를 분석적으로 듣는다.

즉, 들으면서 자신이 알고 있는 지식과 대조해보며 입장을 취하면서 들으면 기억하기 쉽다. 입장을 취한다는 것은 다음과 같이 여러 형태로 나타날 수 있다.

"맞아, 그렇지!"
"말도 안 돼!"
"그래서 어떻다구!"
"그래, 두고 보자."
"그게 아닌데..."

예1 | "일본의 김치 수출량은 나날이 증가하고 있습니다."

반응 | 아니, 김치는 우리나라 고유의 음식인데 어찌 일본이...

예2 | "세계적인 휴양지 발리 테러 사태 이후 여행자 수가 격감했다 다시 증가 일로에 있습니다."
반응 | 지난 연말 친구들과 발리에 갔더니 사람이 별로 없어 조용했는데 무슨 소리지...

예3 | "컴퓨터 바이러스의 다음 표적은 휴대전화라고 합니다."
반응 | 컴퓨터 바이러스가 어떻게 휴대폰으로.....?
휴대전화가 바이러스 먹으면 통화할 수가 없나...?

2. 발화되는 아이디어나 구성 요소가 몇 개인가 하나하나 짚어가며 듣는다.

예1 | "커뮤니케이션의 구성 요소는 3개인데 첫째 발신자, 둘째 메시지, 셋째 수신자이다."
반응 | 음, 하나, 둘, 셋이구나.

예2 | "발표를 잘 하려면 선행조건을 갖춰야 하는데 우선 하고 싶은 말이 있어야 하고, 그 다음 잘 준비해서 내용을 숙지하고 있어야 하고, 적절히 유머를 섞어가며 얘기해서 흥미

를 유발시키고 마지막으로, 시각자료도 사용해 단조롭지 않게 한다."

반응 | 발표를 잘 하려면 네 가지 조건을 갖춰야 하는데 우선 말거리, 두 번 째 준비, 세 번째 재미, 네 번째 변화구나.

3. 다음 내용에 대해 끊임없는 호기심을 갖고 들어야 한다.

예1 | "차세대 전투기 사업에 대해 여러 얘기가 나도는데……"

반응 | 왜? 누가? 어떤 얘기가?

지적 호기심은 듣는 자세와 직결되어 있으며 성공의 모태이다.

들을 때 Tip

- 대부분의 연사들은 한 아이디어를 말하기 전이나 말한 후 잠깐 포즈 (pause)가 있다.
- 주요 핵심 내용을 강조하기 위해 반복하는 경향이 있다.
- 주요한 내용을 말하기 전에 뭔가 도입부를 느끼게 하는 말을 몇 마디 한다.
- 주요한 내용일 경우 무의식적으로 칠판에 쓴다.
- 수업 중 질문한 문제는 시험에 나올 가능성이 높다.

인간의 가장 기본적인 욕구는 이해하고 이해되는 것이다.
타인을 이해하기 위한 최선의 방법은 경청이다.

랄프 니콜스

The most basic of all human needs is the need to
understand and be understood.
The best way to understand people is to listen to them.

소리를 많이 들으면?

듣기의 중요성과 알면 도움이 되는 Tip을 살펴보았다. 이제 듣기의 대상인 소리에 대해서도 잠시 짚고 넘어가자. 특히 듣고 말할 수 있는 외국어 소통 능력이 화두인 요즈음 조기 외국어 교육에 대한 관심도 날로 고조되어 소리의 중요성을 살펴보기로 하자.

태교 음악을 들으면 엄마의 마음이 편안해지고 고른 호흡과 맥박이 태아에게 안정감을 주며 나아가 정서와 두뇌발달에 영향을 미친다는 것은 잘 알려진 사실이다. 태아 때부터 발달한다는 청각은 가장 일찍 발달하는 감각으로 가장 예민하기도 하다. 자연히 청각은 두뇌 발달을 위한 가장 효과 있는 자극으로 간주되며 이 때문에 태교 가운데에서도 음악 태교가 각광을 받는 것이다.

소리가 뇌에 어떤 영향을 어떻게 미치는지 알면 왜 아이에게 많은 소리를 들려줘야 하는지 쉽게 이해할 수 있다.

노벨 의학상을 수상한 스페리 박사는 우리 두뇌는 우뇌와 좌뇌로 구분되며 특히 3세 때에는 우뇌가 80%, 좌뇌가 20%를 차지하여 좌뇌보다 우뇌가 발달하는 시기라고 밝힌 바 있다. 참고로 좌뇌는 언어, 분석, 판단 등 논리적 사고들 관장하는 언어의 뇌, 논리의 뇌이며 반면 우뇌는 음악, 미술, 공간인식, 창조력을 관장하는 비논리적인 감성의 뇌이다.

한편 미국 워싱턴 주립대학의 쿨 교수는 아기들은 반복해서 들은 다양한 언어에 대해서는 소리의 최소 단위인 음소를 구별할 수 있는 선천적인 능력이 있다고 한다. 따라서 3세 이전에 여러 자극을 주어 우뇌가 잘 발달 할 수 있도록 배려해야 하며 특히 이 시기에 여러 언어를 반복적으로 들려주면 각 언어들의 음소가 우뇌 신경세포에 저장되고, 각각의 신경세포 간의 연결부위인 시냅스가 더욱 활성화되어 우뇌 발달과 언어 발달의 기초가 된다.

홍콩 중화대학의 연구팀에 의하면 어릴 적 음악 교육은 일종의 감각 자극이 되어 좌뇌 측두엽 발달을 도우며, 이 부위의 발달은 언어 기억력과 같은 인지적 기능을 향상시킨다고 한다. 이 연구 결과를 참조하지 않더라도, 음악 교육을 받은 아이들이 받지 않은 아이들에 비해 언어 기억력이 우수하며, 음악 교육을 오래 받은 아이일수록 언어 기억력이 뛰어난 것을 우리 주위에서도 종종 볼 수 있다.

세계적인 지휘자 마에스트로 정명훈의 경우도 36세의 나이에 그가 불어를 전혀 못하는 상태에서 프랑스 오페라 상임 지휘자로 건너 가 일 년도 채 안되어 불어를 유창하게 구사할 수 있게 된 것도 음악과 언어 관계 측면에서 시사하는 바가 크다.

우뇌의 능력 중 또 하나 주목해야 하는 능력이 직감상 능력이다. 직감상 능력이란 보거나 들은 것을 바로 직후뿐만 아니라 며칠 후, 몇 주 후, 몇 달 후에도 정확하게 기억하고 있는 능력이다. 어른에게는 없고 유아 두뇌에 있는 이 직감상 능력이 13세 경 소멸된다고 하나 성인도 훈련을 통해 재생이 가능하다고 한다. 어린이와 어른의 우뇌에 도달하는 방식은 전혀 달라 아이들은 직관적인 우뇌에 아주 자연스럽게 접근한다. 즉, 아이들은 논리와는 별개로 우뇌를 잠재의식적으로 사용한다. 아이들은 창조적이고 직관적인 충동에 의하여 행동하는 반면, 어른들은 대부분 좌뇌를 사용한다.

나이가 어릴수록 듣기를 바탕으로 한 학습이 주효하다. 즉, 아이들은 리듬, 음조, 액센트를 자연스럽게 받아들인다. 예를 들어 아버지가 일본사람, 엄마가 한국 사람이고 미국에서 사는 경우 이 아이는 세 언어를 일상생활에서 듣고 자라므로 한국어, 영어, 일어 세 개의 언어를 자연스레 익히게 된다. 필자도 유학 시절 아버지가 프랑스인, 어머니가 영국인이고 이탈리아에서 자라 3개 언어를 능통하게 하는 친구 등 여러 경우를 보았다.

손지애 CNN 지국장의 아이들 경우는 순전히 한국에서만 자란 '토종 국내파'이며 유학도 안 다녀왔지만 부모의 직업 때문에 어렸을 때부터 한국어와 영어 소리(?)에 자연스럽게 노출되어 아이들은 자신도 모르는 사이에 익히게 되어 영어로 의사소통이 자유롭다.

언어에 성 차별이 있는지?

우리는 흔히 남성과 여성들 사이에도 선천적인 차이가 있다고 생각하는 분야가 있다. 바로 언어 부문인데 언어는 여성들이 잘한다는 통념이 과학적인 근거가 있는 말인지 알아보기로 하자.

여성은 일반적으로 남성보다 키는 10%, 몸무게는 20% 적으며, 뇌도 남자보다 10% 가량 작다. 남자의 뇌 무게는 보통 1.4kg, 여자는 1.25kg 이다. 반면 뇌 신경세포는 여성이 10% 가량 많다. 따라서 체중 당 뇌의 무게도 여성이 훨씬 더 나간다.

또 여성은 감정에 더욱 민감하고 기억력도 우수하다고 말한다. "남자는 두뇌활동을 할 때 뇌의 특정 부위에서만 신경세포가 활동하지만 여자는 광범위한 지역에서 신경세포의 활동이 일어난다고 한다. 이것은 뇌와 우뇌를 연결하는 신경다발인 뇌

량이 잘 발달돼 정서적, 직관적인 우뇌와 이성적, 사실적인 좌뇌가 상호작용을 더 활발히 한다는 뜻이다.

앞서 보았듯이 한 마디로 좌뇌는 지능과 수리 논리를, 우뇌는 감성과 직관, 주관적 사유, 예술적 감각을 담당한다. 따라서, 감정표현이나 언어구사처럼 좌뇌와 우뇌를 모두 사용하는 일엔 여성이 남성보다 뛰어나다. 하지만 남성의 뇌는 특정 부위만 활동하는 대신 집중력이 우월하다. 길을 찾을 때와 같이 한쪽 뇌만을 집중적으로 사용하는 일에서는 일반적으로 남성이 앞선다. 여성은 책을 읽을 때도 뇌의 좌우반구에 있는 신경영역을 모두 사용한다고 한다.

여기서 우리가 특히 관심있는 것은 뇌 그 자체가 아니라 기억과 관련해서이다.

기억력을 훈련하려면?

우리자신이 계발되고 우리나라가 발전하려면 외우는 뇌보다는 창조적인 뇌가 잘 훈련되는 것이 중요하다.

사람은 기억력을 담당하는 뇌가 잘 발달한 동물이기 때문에 완전히 본능대로 사는 동물로 전락하지 않고 사는 것이다.

우리 인간은 발달된 뇌 덕택에 배우고 기억할 수 있으며, 본능을 넘어 행동하고 생각하면서 문명을 발달시키며 살고 있다.

뇌에 저장되는 3가지 기억 형태

두뇌는 우리가 먹는 음식의 영향을 많이 받는다. 음식 속에 두뇌를 활성화시키는 물질이 많이 들어 있기 때문이다. 이러한 음식의 성분에 대한 연구결과가 하나하나 밝혀지고 있어 우리는 머리에 좋은 식단을 계획할 수도 있고, 아침 · 점심 · 저녁 식단을 정신노동시간에 알맞게 만들어 생활할 수도 있다.

식사가 두뇌에 미치는 영향은 대단히 미묘하여 사람에 따라서 작용하는 정도가 다양하다. 그러므로 자기가 주로 먹는 음식에 따른 정신력의 변화를 각자가 주의 깊게 살펴서 자기 체질에 알맞은 음식을 정해야 한다.

1 • 순간 기억

우리가 보고들은 것이 기억회로에 '저장되지 않은 상태에서 잠시 동안 남아있는 현상' 을 말한다. 예컨대 우리가 사물을 본다는 것은 뇌의 맨 뒤쪽 즉, 후두엽의 기능인데 후두엽이 인식한 상은 뇌에 잠시 남는다. 우리가 만화영화를 볼 때 실제로는 끊어진 여러 장의 만화를 보는데도 마치 이어진 화면처럼 보게 되는 것은 이 때문이다.

2 • 단기 기억

순간 기억과는 달리 이러한 단기 기억은 수 시간 내지 일주일 사이에 덜 중요한 이미지가 흐려진 상태로 기억회로 중 측두엽의 안쪽에 튀어나온 구조물 즉 해마란 부위에 주로 저장된다. 단기 기억 능력을 측정하기 위해 예를 들어 연필, 책 등 몇 가지 단어를 주고 5분쯤 후에 몇 개를 정확히 맞추는지 알아보는 검사를 흔히 한다. 혹은 어제부터 오늘 사이에 일어났던 일, 어제 저녁 식사의 반찬 등을 기억하는지 물어보기도 한다.

3 • 장기 기억

' 아주 오래된 기억' 을 말한다. 궁극적으로는 중요한 부분만 남아 영구히 기억된다. 우리가 가족을 서로 알아보는 것, 수저를 사용하는 것, 말하고 쓰고 읽는 것-이러한 인간의 모든 중요한 행위는 우리 뇌에 저장된 장기기억 때문에 가능하다.

뇌 기능을 극대화 하려면 ?

미국 노화연구소와 국제수명연구센터가 발표한 보고서에

따르면 다음과 같다.

1 • 평생 배우고 익히며 기억력 훈련을 하라.

뇌는 사용하지 않으면 죽는다. 반면 지적인 자극을 주면 뇌는 계속 성장한다. 따라서 늘 독서를 하고 취미생활을 하며 낱말 맞추기 게임 등 지적 자극을 줄 수 있는 게임을 즐겨라.

2 • 규칙적인 운동을 하라.

수많은 연구 결과 규칙적인 신체 활동이 인지 능력에 도움이 된다는 사실이 입증되었다. 신체적 또는 정신적으로 장애가 있는 사람들도 마찬가지이다. 신체 활동은 뇌에 혈액 공급을 원활히 하기 때문이다. 운동을 하는 노인은 인지 능력 테스트에서 운동을 하지 않은 노인보다 더 높은 점수를 받았으며 반응시간도 더 짧았다.

3 • 매일매일 할 일을 가져라.

특히 다른 사람들과 함께 어울려 하는 활동이 도움이 된다. 은퇴 후에도 활동을 계속하는 것이 좋다. 자원봉사를 하든지 여행을 가든지 혹은 정원을 가꾸거나 뜨개질을 하는 것도 좋은 방법이다. 노인 모임을 통해 그룹 활동을 하거나 소풍을 가는 것도 추천할 만하다. 박물관 안내원은 어떨까.

4 • 스트레스를 줄여라.

동물 실험결과 만성 스트레스는 뇌의 구조를 변화시키고 정상적인 생리 기능을 방해해 결국 인지 기능을 손상시킨다는 사실이 입증됐다. 스트레스를 줄이기 위한 좋은 방법으로는 운동, 명상 그리고 기도 등이 있다. 가능하면 전문가의 도움을 얻는 것도 좋다.

5 • 잠을 적당히 자라.

노인들 대부분이 수면 장애를 겪는다. 잠을 충분히 자지 못할 경우 특히 안구가 운동을 하는 REM(Rapid Eye Movement) 수면을 충분히 취하지 못할 경우 인지기능이 떨어진다. 요즘 각 병원에서 수면클리닉을 운영하고 있는 곳이 많다. 이곳에 들러 전문가의 도움을 받는 것이 좋다. 술을 마셔서 잠을 유도하겠다는 생각은 버리는 것이 좋다. 예외는 있겠지만 술은 잠을 방해할 뿐이다.

6 • 감정을 안정시켜라.

전문가들은 정신 건강과 인지 기능 사이에 분명한 연관이 있다고 지적하고 있다. 특히 우울증은 노인들에게서 흔히 나타나는 증상이지만 주의해야 한다. 뇌에 손상을 가할 수도 있기 때문이다. 특히 배우자를 잃고 혼자 된 노인 또는 은퇴한 후 아무런 활동도 못하고 있는 노인들의 경우 더욱 주의를 요한다. 가족 중 한 사람이나 가까운 친구에게 부탁해 운동 · 그룹 활동 또는 자원봉사 등의 활동을 추천 받는 것이 좋다. 혼자 해결하려고 해서는 실패하기 쉬우므로 주위 사람들의 도움을 받거나 전문가에게 상담하는 것이 좋다.

7 • 영양분을 적절히 섭취하라.

부적절한 영양분 섭취 역시 뇌 기능에 손상을 줄 수 있다. 노화 억제제, 비타민 E와 C 그리고 색소가 풍부한 야채와 과일에 많이 들어 있는 베타 카로틴 등을 충분히 섭취한 노인들의 기억력이 더 좋은 것으로 드러났다. 나이를 먹으면 칼로리 필요량은 줄어들지만 영양분 요구량은 늘어나므로 노인들은 칼로리보다는 영양분을 따지는 것이 더욱 중요하다. 단백질, 비타민 B 복합제, 그리고 노화 억제제 등을 적당량 섭취하고 물을 많이 마셔야 한다. 섬유질 역시 충분히 섭취해야 한다. 영양소를 가장 효과적으로 섭취할 수 있는 것은 음식이다. 그러나 음식으로 부족할 경우 각종 영양 보조식품들을 이용하는 것도 좋은 방법이다.

기억력 감퇴를 막으려면 ?

- 가능한 한 싱겁게 먹을 것
- 뇌세포 성분인 DHA가 많이 포함된 등푸른 생선을 많이

먹을 것

- 뇌를 꾸준히 사용하기 위해 바둑, 컴퓨터, 영어 단어 외우기를 할 것 등을 권한다. 그러나 어떤 경우에도 약물을 이용하라고 권하는 전문가는 없다.

한편 미국 은퇴자협회 앤드러스 재단과 다나 두뇌 연구 연맹은 '늘 생생하게 기억하려면' 이란 미니북에서 '기억력을 유지하는 8가지 작은 습관' 을 소개했는데 필자의 생각도 마찬가지라 여기에 소개해 본다.

첫째, 긴장을 푼다.

긴장과 스트레스는 기억력 손실의 주범이다.

둘째, 주의를 기울인다.

나중에 기억하고 싶은 것을 보면 주의 깊게 본다.

셋째, 집중한다.

주의를 산만하게 하는 것과 방해하는 행위를 최소화한다.

넷째, 마음을 느긋이 갖는다.

조바심을 내면 집중할 수가 없으므로 늘 마음을 느긋이 갖도록 노력한다.

다섯째, 정돈을 한다.

중요한 물건은 눈에 띄는 곳, 손이 쉽게 닿는 곳에 둔다.

여섯째, 메모 습관을 기른다.

노트와 날짜가 적힌 수첩을 갖고 다니며 중요한 것을 들으면 즉시 기록한다.

일곱째, 반복해서 말하고 생각한다.

반복하는 습관을 기르면 잘 잊어버리지 않는다. 새로운 사람을 만나거나 새로운 것을 배울 때 요긴한 방법이다.

여덟째, 이미지를 떠올린다.

기억하고 싶은 것을 이미지와 연결시켜 떠올리는 습관을 갖는다.

문화 차이로 뇌가 바뀌나?

언어에서 감정을 표현하는 것과 인지하는 것은 동서양 구분 없이 공통적인 부분이 많지만, 같은 소리라도 문화 차이로 다르게 받아들이기도 한다. 예를 들면 서양인에게는 감탄으로 들리는 소리 '어!" 가 동양인에게는 의심으로 느껴지기도 한다. 이렇듯 달리 받아들여지는 것은 감각 부분은 같더라도 뇌의 인지 기능이 문화에 따라 다르다는 것을 뜻한다고 볼 수 있다.

일반적으로 동양인들은 관계를 고려한 총체적 개념 즉 전체를 통합적으로 받아들이고, 서양인들은 하나하나를 분석적으로 받아들인다. 예를 들어 동양인과 서양인에게 어항 속의 물고기나 복잡한 배경 속의 인물 등 그림을 보여주며 눈동자의 움직임을 관찰하면, 서양인에 비해 동양인의 눈동자는 배경에 머무는 시간이 긴 것으로 관찰된 바 있다.

동양인의 뇌와 서양인의 뇌는 실제로 다른가. 지리적으로도 멀지 않은 한국, 일본, 중국 동북아 세 나라는 같은 동양이라 하더라도 고유의 독자적인 문화를 발전시켜 왔다. 동서양 또 같은 동양이라도 각 나라마다 문화 차이가 있고 이 문화 차이는 뇌를 바꾸며, 서로 다른 뇌는 다른 문화를 만드는 것이다.

눈으로 보며 절대적 크기와 상대적 크기를 구별할 때 뇌가 활동하는 정도를 측정한 실험에 의하면, 서양인의 뇌는 절대적 크기를 구별할 때 많이 활성화되며, 동양인의 뇌는 상대적 크기를 구별할 때 많이 활성화된다고 뇌연구 전문가인 이수영 교수는 말한다. 다시 말해 동양인은 상대적 구별을 잘하고, 서양인은 절대적 구별을 잘해 일상생활에서도 동양인은 주변과 사람과의 관계에 관심이 많은 반면, 서양인은 각각 개인을 중시한다. 몇 년 전부터 우리 TV 드라마가 아시아를 강타해 한류라고 불리게 된 것도 가족관계를 배경으로 하여 동양인들의 관심을 불러일으켰기 때문이다.

문화 차이는 청소년층보다는 장년층에서 많이 느낄 수 있다. 또 외부 환경의 상당 부분을 차지하는 것이 바로 문화이므로, 사람의 두뇌가 주변 환경으로부터 문화를 받아들인 것으로 볼 수 있다. 새로운 환경 즉 새로운 문화권으로 이주한 후 6개월만 지나도 새로운 문화적 특성을 갖게 된다는 보고도 있다.

이를 뒷받침하는 기사를 최근 읽은 적이 있다. '북한 개성공단 근로자 7명에게 20개의 떡을 주면 어떻게 나눠 먹을까.'에 대한 기사였는데 개성공단 운영 초기에 나타난 남북의 문화 차이를 잘 보여준다. 한 기업 회장이 창사 기념일에 떡을 돌리면서 별생각 없이 작업반마다 한 봉지씩 나눠 줬다. 우연히 7명이 있는 곳에 떡이 20개 들어 있는 봉지가 가는 바람에 북측 근로자가 어떻게 나눠 먹어야 하는지 고민하느라 먹지 못하는 일이 벌어진 것이다. 이런 모습은 초기에 나타난 현상일 뿐 지금은 남북 근로자가 서로를 닮아 가고 각각의 문화도 이해하고 있다고 한다. 한편 처음 공장에 오는 북한 근로자는 피부색도 어둡고 표정도 밝지 않은데 6개월에서 1년 정도 근무하면 환해지는 것을 확인할 수 있었다고 한다.

그렇다면 기억이란 무엇인가?

얼마 전 주간지에서 읽은 전문의사와 직장인이 상담한 내용을 담은 기사 하나를 소개하고 살펴보기로 하자. 40대 한 직장남성이 잠을 잘 때 이불을 머리끝까지 덮고 자는 버릇이 있어 기억력이 떨어진 게 이 때문이 아닌지 모르겠다는 질문에 의사의 답변이 "산소부족 상태가 오래 되면 기억력이 떨어지고 심하면 치매가 오는 게 사실이다. 예를 들어 잠을 잘 때 코를 심하게 골고 잠시 호흡을 멈추는 수면 무호흡증 환자는 집중력과 기억력이 떨어질 수 있다. 또 연탄가스 중독과 같은 산소가 부족한 상태에 놓여도 후유증으로 기억장애나 치매가 올 수 있다."

"이불을 뒤집어쓰고 자는 경우 실제 상황이 어떤지 검증해 봐야겠지만, 일반적으로 산소부족이 될 가능성은 거의 없다. 그보다는 우울증, 스트레스, 불면증, 과도한 음주나 흡연 등 기억력 감퇴를 유발할 수 있는 다른 원인을 찾아봐야 한다. 가장 일반적인 것은 자연스런 노화현상 때문이다."

"40대가 되면 뇌세포가 줄어 기억력이 감소하지만 업무량은 오히려 늘어 건망증이 나타날 수밖에 없다. 메모하는 습관을 기르고 운동을 통해 뇌 세포에 더 많은 산소와 영양분이 갈 수 있도록 건강한 생활습관을 유지하는 게 중요하다."

기억이란 사람이나 동물이 경험한 것이 어떤 형태로 간직되었다가 나중에 재생 또는 재인식 · 재구성되어 나타나는 현상을 말한다. 신체적 습관 · 컴퓨터 등 기계적 기억도 넓은 의미에서의 기억에 포함시키는 경우가 있다. 기억과정은 다음의 4가지 단계로 나누어 볼 수 있다.

▶ 우리가 현재 체험하고 있는 전부의 것이 남는 것이 아니라, 특별히 인상적이었던 것만이 기억되는 것을 '기명' 이라고 한다. 기명에는 의지로 되는 능동적 기명과 의도도 없는데 자연히 이루어지는 수동적 기명이 있다. 영어단어나 수학공식을 열심히 암기하는 것은 능동적 기명이고, 굳이 외우려고 하지도 않았는데 자신도 모르게 TV에서 나오는 CM송을 흥얼거리는 것이 수동적 기명이다.

▶ '보유' 는 특별히 인상적이어서 기억된 것 즉 기명된 것이 어떤 기회에 의식의 표면에 떠오를 때까지 축적되어 있는 상태를 가리킨다. 물론, 기명되지 않으면 보유는 있을 수 없으나, 기명되었다고 하여 반드시 보유된다고는 할 수 없다. 가령, 교통사고로 머리를 강타 당했을 경우, 사고 발생 시점 이전의 기억이 상실된다.

▶ '재생' 보유된 과거의 경험이 어떤 기회에 생각나는 것을 가리킨다. 기명에 능동적 기명과 수동적 기명이 있듯이 재생도 적극적으로 생각해내려고 해서 재생되는 경우와, 별로 적극적인 의도 없이 갑자기 재생되는 경우, 또는 연상의 경우처럼 그것 자체를 생각해내려고 해서가 아니라 다른 상기가 계기가 되어 나타나는 수도 있다.

▶ '재인식'은 과거 경험이 틀림없이 자기가 경험한 것임을 인지하는 것을 가리킨다. 그러므로 재생을 하면 재인식하는 결과가 된다. 한 번도 가보지 않은 장소이지만 언젠가 와 본 적이 있는 것 같은 재인 감정을 일으키는 경우가 여기에 해당된다.

기억과 관련해 흥미로운 일간지 기사를 접해 소개한다. 어른은 우리말 단어를 기억할 때와 영어 단어를 기억할 때 뇌의 서로 다른 부분이 활성화되는 것으로 실험 결과 나타났다고 한다.

서울대학교 의과대학 정신과 권준수 교수와 핵의학과 김재진, 이명철 교수는 모국어인 우리말은 능숙하게 구사하지만 외국어인 영어는 유창하지 않은 성인 14명에게 컴퓨터 모니터를 통해 일반 도형, 영어 낱말, 한국어 낱말 카드를 연속적으로 보여 주면서 앞선 단어를 기억하게 한 다음 뇌에서 몇 초 동안 아주 짧은 시간에 일어나는 기억인 '작동 기억'의 변화를 양전자단층촬영(PET)으로 찍어 분석했다.

김 교수는 "영어 낱말을 기억할 때에는 뇌의 시각 정보 처리 부위가, 우리말 단어를 기억할 때에는 청각 정보 처리 부위가 활성화하는 것으로 나타났다"고 밝히면서,"우리말을 볼 때

청각 중추가 활성화됐다는 것은 바로 암송에 들어간다는 의미"라면서 "영어 단어를 봤을 때는 즉각적 암송이 이뤄지지 않기 때문에 이미지 처리라는 부차적 과정을 거친다"고 설명했다. 이러한 이유로 아무리 영어 단어를 많이 알고 있는 사람이라도 우리말처럼 자유자재로 능숙 능란하게 영어를 하지 못하게 된다.

김 교수는 "단어가 아니라 문장을 보여주고 뇌의 변화를 분석하면 두 언어의 문법적 차이 때문에 뇌의 활성 부위가 다를 수 있다"면서 "단어에 대한 작동 기억이 다른 것은 뇌가 말에 어느 정도 익숙한가에 달려 있다"고 설명했다.

김 교수는 영어에 능통하나 한국어는 미숙한 사람, 한국어, 영어 두 언어에 모두 능통한 사람 등에 대한 PET 분석이 끝나면 조기영어교육이 필요한지에 대한 물리적인 증거가 될 것이라고 설명했다.

지금까지 뇌에서 모국어와 외국어를 처리하는 부위가 다르다는 것은 밝혀졌지만 단어에 대한 작동 기억이 다르다는 것은 이번에 세계 최초로 밝혀졌다.

세인트루이스 의과대학에서의 연구에 따르면, 낱말을 들었을 때에는 좌뇌가 활동하지만 이름을 모르는 낯선 얼굴을 기억할 때에는 우뇌가 활성화된다고 한다. 재미있는 것은 "종" 같이 이름이 있는 물건을 기억할 때는 양 부분이 모두 활성화된다는 것이다. 즉, 좌뇌는 단어나 이름 있는 물체 같은 언어상 암호를 이용할 때 활성화되고 우뇌는 낯선 얼굴이나 이름 있는 물체의 시각적 특징 같은 비언어적 암호를 사용할 때 활성화된다고 볼 수 있다.

기억에는 세 단계가 있다.

1 • 정보를 인식해 마치 컴퓨터 스크린에서 문서를 편집할 때처럼 이용 가능한 기억으로 만들게 되는데 이 과정을 기호화 과정이라고 한다.
2 • 문서를 하드디스크에 저장하듯이 정보를 뇌에 장기적 기억으로 만드는 과정이 있다.
3 • 저장된 문서를 다시 불러내듯이 기억을 다시 끄집어내는 과정이다.

갓 태어난 아기를 주위 사람들과 차단하고 혼자 고립시켜 키운다면 말을 거의 할 수 없다. 이 실험은 독일 황제 프리드리히 2세가 인간이 선천적으로 언어 능력을 가지고 태어나는가를 알아보기 위해 한 실험이었다. 프리드리히는 갓난아이가 어느 언어도 접하지 못하면 신의 언어라고 여겼던 히브리어를 말할 것으로 기대했었는데 실험 결과는 어떤 말도 하지 못했다.

이와 유사한 예로 미국에서 실제로 1980년대 있었던 일이다. 제니라는 이름의 아이가 13살까지 고립되었던 상태에서 나오게 되었는데 이 아이는 몇 년 동안 병원에서 임상 실험을 한 결과 말을 거의 할 수 없었다. 이렇게 주위와 격리된 아이가 말을 못하는 것은 12세를 전후로 언어를 관장하는 뇌 부위가 굳어져 말하는 능력을 거의 잃기 때문인 것으로 밝혀졌다.

사람의 뇌 신경세포 뉴런은 태어난 순간 더 이상 늘어나지 않고 그대로이므로 한 번 다치면 재생되지 않는다. 태아부터 뇌의 기능은 발전되어 나가다 12살을 전후로 굳어지기 시작한다. 사람의 뇌에서 언어와 관련된 부분은 12세에 성장이 멈추므로 외국어도 12세 이전에 배워야 효과가 좋다.

각각 떨어져 있는 신경 세포는 보고 듣고 말하는 등의 경험과 학습에 의해 서로 연결된다. 학습을 많이 하면 할수록 이 연결은 더욱 강해진다. 신경 세포끼리 서로 잘 연결되는 기간을 뇌 발달 기간이라 하며 잘 연결이 안 되는 때를 굳어지기 시작하는 단계로 볼 수 있다. 그러므로 김대식 박사에 따르면 유전적인 차이를 차치하고 발달 기간 중 다양한 경험을 많이 반복하면 좋다. 영어를 배우면 우리 뇌에 영어를 빨리 알아듣는 전용 뇌 신경망이 구축되고 불어를 배우면 불어 전용 뇌 신경망이 구축된다. 즉, 언어 별로 전용 고속도로가 생기는 것이다. 하지만

12세가 지난 뒤에 외국어를 배우면 한국어 전용도로를 같이 사용할 수밖에 없는 셈이 되는 것이다. 결국 외국어를 늦게 배우면 원어민처럼 완벽하게 구사할 수 없게 된다.

프랑스의 신경심리학자인 바르비제가 뇌와 언어의 관계에 대해 언급한 내용이 시사하는 바가 크다.

"언어는 인간 커뮤니케이션의 주요 수단이다. 언어는 습득된 능력이며, 아이들의 언어학습 과정을 살펴본 결과, 언어의 습득은 단계적으로 이루어진다.

아이가 초기에 옹알이에서 제대로 된 단어를 말하고, 자신이 배운 단어들을 대상과 연결시키게 되기까지는 오랜 시간이 걸린다. 아이는 '테이블' 이라는 말이 바로 이 테이블을 지칭하고 '스푼' 이라는 말이 바로 이 '스푼' 을 지칭한다는 것을 점차적으로 깨닫게 된다.

즉, 말하는 법을 배우는 것은 단지 어떤 어휘를 배우는 것이 아니라 특정 단어를 특정 체험과 연결시키는 것이다.

아이는 또한 자신이 속해있는 사회-언어그룹에서 사용하는 관행에 따라 자신이 배운 사물들을 활용하여 다양한 시간-공간적 생활을 지칭하는 법을 배우게 된다. 테이블 위로 올라가, 혹은 밥상머리에 앉다 등은 아이가 스스로 겪으면서 언어로 표현하게 된다. 이를 위해 전치사, 형용사, 동사 등을 사용하는 법을 배우게 되고, 특정 상황에 맞는 특정 표현들을 터득하게 된다.

이러한 규칙 전체가 바로 문법이며, 문법을 통해 아이는 자신이 체험한 다양한 상황들을 언어로 표현해 내게 된다. 언어학자들은 각 언어를 분석하기 위해 언어를 음소, 단어, 구문, 문장 등으로 구분한다. 아이가 글쓰기를 시작할 때는 문자, 음절, 단어 등을 배우고 이를 결합하여 문장을 만들어 낸다.

아이는 각각의 문자 기호들이 어떤 소리기호와 연결되는지를 배운다. 이렇게 점진적으로 아이의 언어 저장함이 확장되기 시작한다.

우리는 문법을 습득하기 전에 이미 모국어를 사용한다. 각각의 단어나 문구, 문장들은 실제 상황 속에서 터득한 것이다. 각 단어들이 문법적으로 어떻게 연결되어 있는지를 깨닫게 되는 것은 한참 후, 아이가 학교에서 문법을 배울 때이다. 문법을 배우면서 아이는 단어를 조합하는 다양한 방식을 배우게 되는데 그 조합은 무한히 늘어날 수 있는 것은 아니다. 예를 들어 거꾸로 말하거나 의미 없는 내용을 말하는 것은 쉽게 배워지지 않는다.

아인슈타인의 뇌

아인슈타인의 뇌가 현재까지 유일하게 연구대상이 되었던 뇌이다. 유언에 따라 사망 후 뇌를 꺼내어 연구를 하였다. 우리의 추측과는 상반되게 아인슈타인의 뇌는 평균보다 가벼웠고 대뇌의 피질도 얇았지만 대뇌 피질의 신경세포는 빽빽이 들어차 있었다. 좌뇌 뒷부분 신경 세포에는 세포간을 연결하는 돌기가 특히 많이 나와 다른 신경 세포들과 복잡하게 얽혀있었다.

PART 3

이렇게 말하라

대부분의 모임에는 분위기를 주도하고 이목을 집중시키는 사람이 있다. 바로 그 사람이 나타나 입을 열기 시작하면 참석자들은 홀린 듯 그의 말에 귀를 기울이게 된다. 한 마디로 그 사람은 흡인력 있게 말을 하기 때문에 많은 사람들이 시선을 고정하고 경청하는 것이다.

말하기

대부분의 모임에는 분위기를 주도하고 이목을 집중시키는 사람이 있다. 바로 그 사람이 나타나 입을 열기 시작하면 참석자들은 홀린 듯 그의 말에 귀를 기울이게 된다. 한 마디로 그 사람은 흡인력 있게 말을 하기 때문에 많은 사람들이 시선을 고정하고 경청하는 것이다.

미국의 목소리 의사 모튼 쿠퍼 박사도 언급했듯이 사람을 끄는 사람은 목소리가 그 마법의 힘인 경우가 많다. 우리는 쉽게 목소리라고 표현하지만 좀 더 구체적으로 살펴보면 발음, 속도, 억양, 리듬, 딕션 등 여러 요소로 구성 되어있다.

스피치 전달력의 핵심인 발음의 경우 명확하지 않을 경우 메시지 파악에 어려움이 따르므로 별도의 연습을 해야 한다. 대부분의 경우 혀 근육이 굳어있기 때문에 웅얼거리는 것처럼 불분명한 발음이 나오므로 혀를 껌을 씹듯 씹으면서 풀어주는 연습을 하는 것이 좋다.

발음이 정확해지면 그 다음에는 흡인력 있게 말을 하는 연습을 해야 한다. 말은 해야 맛이 배가되므로 리듬과 억양을 바꿔가며 소리를 내어 꾸준히 연습하여 체화하는 것이 중요하다. 말하는 능력 역시 노하우이므로 체득될 때까지 끊임없는 훈련을 해야 한다.

필자의 최근 저서 "엔젤아우라"에서도 언급했듯이 글로벌 리더들의 공통점은 소통능력을 타고 나는 것이 아니라 끊임없는 담금질로 노하우를 체득 완성한다. 체득을 통해 완성된 소통능력은 상대방의 이해를 넘어 감동을 자아낸다.

한 마디 보태어 말할 기회는 얼마든지 있지만,
이미 내뱉은 말을 거둬드릴 기회는 결코 생기지 않는다.

발타자르 그라시안 이 모랄레스

There is always time to add a word, never to withdraw one.

로스트로포비치

누구나 세계 최고임을 인정하는 첼리스트 로스트로비치는 일흔이 넘은 고령이었을 때도 매일 다섯 시간씩 연습을 했었다. 한 기자가 다음과 같은 질문을 한 적이 있었다.

"세계 최고이고 버금가는 연주자도 없는데 아직도 매일 그렇게 장시간 연습을 하세요?"

그의 답변은 기자의 허를 찔렀다. "연습할 때마다 소리가 좋아지는데 매일 해야되지 않겠습니까?"

말하는 속도

사람들과 대화를 많이 나누다 보면 머릿속에 많은 생각들이 빠르게 스치고 지나가는 사람들은 말하는 속도가 빠른 것을 알 수 있다. 이때 입에서 나오는 말과 머릿속에 스쳐가는 생각이 동시다발적으로 쏟아져 나오면 듣는 사람들이 흥미를 잃기 쉬우므로 말은 명확히 하고, 새로운 이야기를 시작하기 전에 먼저 언급한 주제를 확실히 마무리 하는 것이 바람직하다. 반면, 말을 너무 느리게 하면 듣는 사람들이 지겨워하는 것은 주지의 사실이다.

내 말이 느린지 아닌지를 아는 방법은 아주 간단하다. 말을 하고 있는데 듣는 사람이 대신 끝맺거나, 말을 채 끝내지도 않았는데 무슨 말을 하려는지 알겠다며 말을 끊으면 내가 말하는 속도가 너무 느린 것이다.

듣는 사람들이 관심을 갖고 경청하게 하려면 말하는 속도를 적당히 빠르게 유지해야 하다.

말하는 속도를 적당히 빠르게 유지하려면?

듣는 사람이 내 말을 잘 알아듣고 이해하는 것이 핵심이다. 미국의 의사 모튼 쿠퍼 박사도 얘기했듯이 3가지 tip을 명

심하면 된다.

1 • 말할 때 자주 쉬지 않도록 주의하고, 강조를 할 때가 아니면 말을 끊어서 하지 않는 것이 좋다.
2 • 입에 붙지 않은 추상적이고, 어려운 단어로 말하려고 애쓰지 않는 것이 좋다.
3 • 머릿속에 떠오르는 말을 간결하고 직접적인 문장을 사용해서 얘기하면 된다.

말이 빠른 사람은 어떻게 고치나?

틈나는 대로 소리내어 책이나 신문을 읽는다. 이때 무조건 큰 소리로 읽는 것보다 책이나 신문에 숨 쉴 곳 즉, 휴지해야 하는 곳을 표시해 놓고, 이곳에서 끊어 읽는 연습을 반복하면 효과적이다. 즉 정확한 호흡에 맞춰 배에 힘을 줘 읽는 연습을 하면 많은 도움이 된다.

말하는 속도는 취업에도 영향을 미쳐 말하는 속도가 빠르거나 느린 사람은 면접 인터뷰에서 부정적인 영향을 미치는 것으로 나온 통계를 본 적이 있다. 말하는 의도를 잘 전달하려면 속도, 어조, 성량 등을 잘 조절해야 한다.

말하는 속도가 중요한 이유는 느리면 사람들이 답답해하고 지나치게 빠르면 알아듣기가 어렵기 때문이다. 우리는 종종 한 동안은 끙끙거리다 몰아서 빨리 말하는 사람들을 보는데 이는 자연스럽게 말하는 데 필수인 호흡을 무시하기 때문이다. 말을 하다 자연스레 숨을 쉬는 것을 휴지(pause)라고 하는데, 이 적절한 휴지는 말하기에서 중요한 역할을 한다.

어른들보다 숨을 쉬지 않고 급하게 말하는 아이들을 자주 볼 수 있는데 이 아이들은 이전 세대 아이들보다 TV나 인터넷 사용으로 많은 정보를 접하여 하고 싶은 말도 많기 때문이다. 즉, 이야기꺼리는 많은데 생각처럼 말이 따라와 주지 않기 때문인 것이다. 참고로, 어른들과는 달리 아이들은 폐활량이 작아 급하게 말하면 할수록 자연히 숨이 가쁘게 된다.

나라마다 사람들의 말하는 속도가 다르다는 재미있는 통계를 접한 적이 있다. 평균적으로 미국인들의 말하는 속도는 1분당 120단어, 영국인들은 90단어인 반면, 인도인들은 1분당 180단어를 말한다고 하니 인도인들이 타의 추종을 불허할 만큼 말을 빠르게 하는 것을 알 수 있다. 특히 회의에서 발표자가 인도인이면 십중팔구 말을 빨리 하므로 듣기에 자신이 없을 경우 녹음을 하는 등 미리 대처하는 것이 바람직하다.

미국의 일반 수업시간에 선생님들이 말하는 속도는 1분에

125~140 단어인 반면, 대부분 학생들이 받아 적는 속도 1분에 25 단어라는 통계를 보더라도 앞서 함께 살펴 본 메모하는 요령을 익히는 것이 핵심을 받아 적는 데 큰 도움이 되는 것을 알 수 있다.

어휘 선택

특정한 어휘 선택은 듣는 사람에게 암시를 줄 수 있다. "물론" "명백히" 등 어휘를 쓸 때는 듣는 사람들이 주제에 대해 이미 모든 것을 알고 있어야 한다는 것을 암시한다.

1 • 과장법은 피하는 것이 좋다.

"대부분의 사람들"이라고 해야 할 때 "모든 사람"이라고 하지 않아야 한다. 일반화하고 싶은 충동은 누구에게나 있지만 정확한 표현을 하는 것이 중요하다.

"대부분의 경우"라고 해야 할 때에 "언제나"라고 한다면 역시 과장된 것으로 말하는 사람에 대한 신뢰를 잃을 수 있다.

2 • 정확한 표현을 하는 것이 좋다.

"어느 정도" "약간" 이라는 표현은 알맹이가 없고 애매모호하여 듣는 사람들로 하여금 "어느 정도"인지 의문을 갖게 한다. 시간이 걸리더라도 상황에 맞는 정확한 어휘를 사용하며 말하는 것이 좋다.

3 • 표현을 쉽고 간결하게 한다.

"조우하다" 보다는 "우연히 만나다"라는 표현이 훨씬 더 쉽게 다가온다. 전문 용어는 전문 분야에서 일하는 사람들이 쓰는 표현들이다. 일반인들에게 말할 때는 쉽고 간단한 표현을 쓰는 것이 좋고 수신자들이 모두 알아듣는다고 확신이 들 때에는 전문 용어를 사용해도 된다.

듣는 사람들이 전문 용어를 알고 있을 경우 적절한 전문 용어를 사용한다는 것은 커뮤니케이션의 명확성, 속도, 말하는 사람에 대한 신뢰와 직관되어 있다. 글과는 달리 말로 메시지를 전달할 때에는 말하는 속도가 매우 중요하며 위에서 자세히 살펴보았다.

전문 용어 역시 수시로 바뀌기 때문에 전문가를 상대로 커뮤니케이션을 자주 해야 하는 사람들은 전문 용어를 많이 알아야 하고 또 어떻게 많이 알 수 있나 대처 방법을 터득해야 한다. 듣는 사람들이 모르는 전문 용어를 사용해야 할 경우에는 그 용어가 무슨 뜻인지 설명해주어야 한다. 예를 들어 대학 학부생들에게 통역대학원을 설명하면서 "동시통역을 할 때 노트테이킹을 하지 않는다."라고 말하면 노트테이킹이 무슨 말인지 잘 이해가 되지 않을 것이다. 이 경우 "노트테이킹이란 발표자가 말 할때 동시에 통역하는것이 아니라 말이 끝난 다음 통역을 하는 순차통역을 할 때 통역사가 듣고 이해한 내용을 나중에 알아볼 수 있도록 간편한 기호나 심볼 혹은 약어를 사용하여 메모를 하는 것이다."라고 설명을 곁들이는 것이 좋다.

4 • 어휘 사용에 일관성이 있어야 한다.

효과적인 커뮤니케이션을 위한 "메모하기"라는 표현을 썼으면 계속 "메모하기"라는 표현을 쓰는 것이 바람직하지 같은 뜻의 "노트 테이킹"이란 표현을 간혹 사용한다면 듣는 사람 즉, 메시지 수신자에게 혼란을 초래할 수도 있다. 늘 수신자가 쉽게 이해할 수 있도록 표현해야 한다.

5 • 범위를 좁혀 말한다.

김장 배추 가격 인상 폭을 언급할 때도 "배추 값이 많이 올랐다"라고 말하는 사람보다 정확히 수치를 말하며 "배추 값이 7.8%나 인상됐다."라고 말하는 것이 신뢰감을 더 자아낸다.

6 • 적절한 이미지를 사용한다.

메시지를 전달할 때 이미지를 활용하면 전달 효과가 높다. 프리젠테이션을 할 때도 사진, 도표 등을 사용해 이미지를 보여주는 것이 좋다. 발표 내용의 이해를 돕기 위해서도 수신자가 잘 알고 있는 구체적인 예를 들거나 비유하면 수신자는 보다 쉽게 메시지를 이해할 수 있다. 예를 들어 "새로 개발된 그 열차 속도는 콩코드 속도에는 못 미치지만..."

사람들은 누가 말한 내용은 잊어버릴지 몰라도
그 때의 느낌은 잊지 않는다.

C. W. 부흐너

They may forget what you said,
but they will never forget how you made them feel.

말하는 태도

목소리의 어조뿐만 아니라 표정, 자세도 메시지와 듣는 사람에게 영향을 미친다. 회의를 하든, 보고를 하든, 발표를 하든 서있는 자세, 앉은 자세와 어조는 모두 메시지 전달에 영향을 미친다.

1 • 안정감이 있어서 듣는 사람들로 하여금 신뢰감을 불러일으켜야 한다. 불안해 보이거나 긴장되고 떨린 모습을 보여서는 안 된다.

2 • 메시지를 효과적으로 전달하고 감동을 줄 수 있는 능력을 가져야 한다. 자유자재로 목소리의 강약, 고저, 완급을 조절할 수 있어야 하며, 표정이나 시선처리가 자연스럽고 연단 매너가 체득되어야 한다. 바지 포켓에 손을 넣고 얘기하는지, 양복 상의를 벗었는지, 단추는 채웠는지 등 사소한 부분까지 신경을 써 듣는 사람들을 배려해야 한다.

3 • 주제에 몰입할 수 있도록 적절한 사례를 들어가며 실감나게 말하여 듣는 사람들에게 감동을 불러일으켜야 한다.

4 • 당당하게 시작하고 감동을 주며 마무리하는 것이 관건이다.

우리의 성공과 실패를 좌우하는 주요 결정 요소는 창조적 사고와 그 생각을 말로 옮기는 행위 사이의 차이를 어떻게 극복하느냐에 달려있다고 생각한다. 상당수의 사람들이 이 간극을 극복하지 못하고 주저앉는다. 지식은 점점 방대해 지는데 그 지식을 말로 옮기는데 필요한 요소들이 어우러져 용솟음치게 하는 능력이 따라와 주지 못하고 있는 것이다.

인간의 눈은 그의 현재를 말하며,
입은 그가 앞으로 될 미래를 말한다.

존 갈즈워디

One's eyes are what one is,
one's mouth what one becomes.

커뮤니케이션?

우선 커뮤니케이션을 논하기 전에 다음 핵심 세 단어를 정의하고 넘어가자.

▶ 메시지란?

같이 나누고자 하는 생각 또는 감정이다.

▶ 발신자?

바로 이 메시지를 보내는 사람이다.

▶ 수신자?

발신자가 메시지를 공유하고 싶어하는 사람이나 집단이다.

메시지 정하기

우선 다른 사람과 공유하기를 바라는 생각 또는 감정이 있다면 바로 이 생각이나 감정은 메시지이다. 메시지는 "오랫만이다"와 같이 간단한 인사에서부터 주요 사안에 대한 복잡한 답변, 상대방을 설득하고자 하는 메시지에 이르기까지 실로 다양하다.

메시지 전달하는 방법 택하기

누구나 전달하고자 하는 메시지가 결정되면 이 메시지를 가장 효과적으로 전달할 수 있는 수단을 결정해야한다. 말을 하거나, 글을 쓰거나, 손짓과 같은 행동을 하거나 그림을 그려 이미지를 보여주거나 여러 방법 중의 하나를 택한다.

메시지 보내기

메시지를 보내는 방법에도 여러 가지가 있다. 글로 메모를 쓴 다음 상대방의 책상에 놓기도 하고, e메일을 발송하기도 하며 전화를 걸기도 하고 팩스로 보내기도 한다.

메시지 받기

발신자가 메시지를 보내고 나면 수신자가 메시지를 받아야 한다. 메시지에 대한 반응은 수신자가 메시지를 받은 후에야 일어날 수 있다.

메시지 해석하기

수신자가 메시지를 받았으면 메시지 내용을 해석해야한다.

말로 전달된 메시지는 말소리를 들은 후 수신자가 해석을 하고 글로 전달된 메시지는 읽은 후 해석을 한다. 이미지로 전달됐으면 이미지를, 몸짓으로 전달됐으면 몸짓을 해석해야한다.

피드백 주기

피드백은 발신자가 보낸 메시지가 수신자에게 어떻게 접수되었고 해석되었는지를 알 수 있는 정보를 제공하므로 매우 중요하다. 피드백을 받은 발신자는 피드백 메시지를 받은 수신자가 되는 것이다. 이제 자신이 반응을 하든 안하든 발신자였던 자신은 수신자가 된 것이고 수신자였던 상대방은 메시지를 보내는 발신자가 되며 커뮤니케이션 과정은 다시 시작되는 것이다.

성공적인 커뮤니케이션을 하려면 우선 메시지를 잘 준비해야한다. 준비 없이 즉흥적으로 메시지를 전달하는 것보다 충분한 시간을 갖고 준비하는 것이 좋다. 별도의 시간을 할애하여 생각하고, 자문해보고, 연습하여야한다.

생각하기

커뮤니케이션이 이루어지는 상황을 면밀히 검토하고 분석해 보아야한다. 자신의 입장을 알리고 상대방을 설득해야하는지, 준비한 내용을 상대방에게 보고하는지, 많은 사람들에게 그동안 성과를 발표하는지, 질문에 대한 대답을 해야하는지 상황에 처하기 전에 미리 생각해야 한다.

육하원칙에 따라 "누가", "언제", "어디서", "무엇을",

"왜", "어떻게"에 대하여 자문해보고 대답해보도록 한다. 자문해 봄으로써 문제점을 예상해 볼 수 있고 답을 찾을 수도 있다.

커뮤니케이션의 형식이 프리젠테이션일 수도 있고, 보고 형태일 수도 있으며 공식적인 회의진행일 수도 있다. 핵심은 전달하고자 하는 내용을 소리를 내어 연습하는 것이 중요하다. 눈으로 메모나 노트테이킹을 보며 마음속으로 해보는 것과 소리를 내며 실제로 해보는 것과는 큰 차이가 있다. 소리를 내어 실제로 해보아야 체득이 되는 것이다.

수신자 파악

메시지를 전달하는 대상인 수신자에 대해 많이 알고 있으면 있을수록 수신자의 눈높이에 맞추어 메시지를 가다듬어 전달하므로 발신자의 의도에 부합되는 메시지를 정확히 전달할 수 있게 된다.

- 수신자 수

  수신자가 혼자인지 여럿인지 단체인지
- 수신자 성격

  수신자의 이름, 나이, 국적, 직책, 직위, 메시지 내용에 대한 사전 지식 등을 알면 수신자가 알고자하는 바를 전달할 수 있다.

메시지 구성

- 상황설정: 수신자들이 상황 속에 들어와야 한다. 말하고자 하는 바에 대한 사전지식을 수신자에게 알려주면 수신자가 발신자가 전달하고자 하는 바를 제대로 이해할 수 있는 확률이 높아진다.
- 필요한 내용만 넣기: 메시지의 핵심을 넣고 군더더기를 빼는 것이 중요하다. 핵심은 잊고 우스갯소리만 기억에 남을 때도 있다.
- 기본 골격 만들기: 메시지의 각 정보들의 나열 순서를 정해 수신자가 논리 전개를 잘 이해하고 전달하고자 하는 정보를 잊지 않도록 한다. 도입부에 목적을 설명하고 마지막에 다시 한 번 핵심을 간추려 정리하여 전달하면 수신자가 메시지를 기억하는데 많은 도움이 된다.

전달 어조

메시지 전달 방법이 무엇이든 어조의 선택은 메시지 전달 효과 면에서 중요하다.

어조를 잘못 선택하면, 수신자의 기분을 상하게 하며, 수신자의 품위를 손상시킬 수도 있으며, 수신자를 자신도 모르는 사이에 모욕할 수도 있고, 수신자가 위협을 느낄 수도 있어 커뮤니케이션 효과가 저하될 수 있다.

반면 어조를 적절히 선택하면, 수신자에게 용기를 주기도 하고, 수신자가 말을 경청하게 하고, 수신자를 인정하는 느낌을 주어 수신자의 마음을 사로잡을 수 있다.

어조는 어휘선택, 억양, 태도, 표정, 음성 등 여러 요소에 따라 결정된다.

그림도 매일 그려야 뭔가 떠오르듯이 말도 마찬가지이다. 필자의 경우, 국제회의통역사가 되기 위해 목이 쉴 정도로 매일 6시간 정도 2년간 통역 연습을 했다. 세상에 그저 되는 것은 없다. 외국어도 마찬가지이다. 눈으로 읽고 하는 독해는 되는데 외국인을 만나면 말이 안 나오고 도망가게 되는 것도 결국 같은 이치이다. 수없이 실전에서 부딪쳐 말하는 연습을 해봐야 외국인과 맞닥뜨렸을 때 입이 떨어지는 것이다. 자 이제 이치를 터득했으면 실행에 옮겨야 한다.

인간관계란,

사람들 사이에 놓여있는 '커뮤니케이션 가교' 이다.

알프레드 카두신

The relationship is

the communication bridge between people.

케네디 대통령은 대통령에 당선 된 직후 참모들에게 취임 연설안을 작성해보라고 지시했다. 연설안 작성 지침으로 다음과 같은 3가지 원칙을 제시했다.

연설 안은

첫째, 짧을 것,

둘째, 외교 문제를 다룰 것,

셋째, 새 시대의 개막을 노래 할 것

케네디는 또 과거의 대통령들의 취임 연설을 전부 조사하고 특히, 링컨의 게티즈버그 연설이 왜 지금까지 사람들에게 감동을 주고 뇌리에 남아있는지를 분석하라고 지시했다.

참모들은 케네디의 지시대로 기초 작업을 끝낸 다음 여러 번 연설 문안을 수정 보완해 나갔다. 참모들이 가장 고심해야 되는 부분은 국민들에게 신념과 용기를 불어넣어 줄 수 있는 말이 담겨야 한다는 것이었다. 또 사람들이 쉽게 알아들을 수 있는 간결한 표현들을 써야 한다는 것이었다.

처음의 취임 연설은 "우리는 오늘 정당의 승리가 아니라 민주주의의 성찬을 축하한다."는 것이었으며, 두 번째 수정 작업에서 "우리는 오늘 정당의 승리가 아니라 자유의 집회를 축하한다."로 바뀌었다.

"당신의 나라가 나에게 무엇을 해 줄 것인가를 묻지 말고 당신이 당신의 나라를 위해 무엇을 할 것인가를 물어라" 하는 명언은 며칠 간 심사숙고한 끝에 마지막 순간에 삽입된 것이라고 한다.

루즈벨트 대통령이나 케네디 대통령의 경우 말하는 스타일은 달랐지만 추상적인 어휘들을 피하고 알기 쉬운 단어들을 썼다는 공통점을 우리는 발견할 수 있다. 이는 20세기 가장 뛰어난 명연설가라는 처칠이 밝힌 연설의 비결을 그대로 따른 것이다.

1917. 5. 29 - 1963. 11. 22
John Fitzgerald Kennedy

이렇게 프리젠테이션하라

미국의 한 연구기관에서 실시한 조사에 의하면 사람이 세상에서 가장 두려워하는 것이 놀랍게도 남 앞에서 발표하는 것이라고 한다. 흔히 말하는 프리젠테이션이 가장 두려운 존재인 것이다.

여기서 프리젠테이션은 세미나, 수업시간 중의 발표, 공개경쟁에서 발표 등 모든 형태의 공식적인 발표를 뜻한다.

프리젠테이션도 커뮤니케이션의 한 방법이므로 우선 커뮤니케이션에 대해 짚고 넘어가자.

커뮤니케이션을 해야 하는 사람들은

- 설득력

- 커뮤니케이션 능력
- 사람을 상대하는 기술을

갖추어야 하며 이를 우리는 흔히 발표력 또는 표현력이라고 부른다.

커뮤니케이션 자질이 뛰어난 사람이란?

자신은 물론 상대방의 심리를 잘 이해하고, 적절한 설득전략을 개발할 줄 알며, 논증과 호소력 있는 여러 방법을 동원하여 설득력 있는 메시지를 작성할 줄 알고, 이를 효과적으로 전달하는 방법을 알고 있어야 한다. 다양한 커뮤니케이션 상황에서 자신만의 효과적인 아이디어를 만들어내고 전달하는 방법을 집중적으로 익히고 체득함으로써 커뮤니케이션의 전문가가 되어야 한다.

요즈음 필자는 의사소통에 관한 글을 많이 쓴다. 의사 전달의 중요성은 정치, 외교, 사회분야는 물론 과학기술 분야에 이르기까지 전 분야에서 인식되고 있다. 언론 방송 분야는 의사 전달에 관해서라면 고수들이 한 판 붙는 각축장이다. 이제 우리의 경쟁력은 의사전달 능력과 비례하고 있기 때문이다.

세계의 패권을 누리는 미국의 경우를 보면 직장에서 가장 필요로 하는 지식이 무엇인지 조사한 결과 해당분야의 전공이 아니고 논리적인 필력과 프리젠테이션 능력이었다고 한다. 다시 말해 커뮤니케이션 능력이 바로 경쟁력이라는 사실을 미국인은 잘 알고 있다. 물론 미국 대학과 직장에서 필력과 발표력은 필수이다. 최근에는 그 영역도 매우 넓어져 기술보고서 이외에도 제품설명서나 결산보고서까지 포함시키고 있다고 한다. 제품설명서는 그 내용이 잘못되어 소비자에게 손해를 끼친 경우에 손해 배상이 엄청나고, 결산보고서는 대부분 고난이도의 기술적인 내용을 담고 있어 주주들이 이해하지 못하면 별 의미가 없기 때문이다.

이제는 과학자나 기술자도 새로운 개념의 개발이나 신상품 발명만큼 이러한 창작의 전달에도 심혈을 기울여야 한다. 아무리 뛰어난 내용이라도 기술보고서가 지나치게 전문적이어서 내용 전달이 되지 않으면 그 보고서는 실패이며 그 책임도 물론 작성자가 져야 한다. 정치인, 경영인, 교육자, 과학자, 기술자 모두 대중이 알아들을 수 있도록 자신의 의견을 피력할 수 있어야 한다. 요즈음 과학자들에 대한 대우가 예전 같지 않고 나아가 대학 진학에 이르기까지 문과 쪽으로 몰리는 경향은 어찌 보면 과학자들의 경쟁력이 저하됐기 때문이고 이는 외부와의 의사전달을 비교적 소홀히 한 탓도 한 몫을 했으리라 생각한다.

프리젠테이션

프리젠테이션을 해야 하는 모든 사람들은 "KISS"법칙을 기억해야 한다.

간단하고 짧게(Keep It Simple and Short)라는 영어의 첫 글자를 딴 이 법칙은 모든 프리젠테이션의 기본이다. 한 마디로 핵심은 짧고 간략해야 한다는 것이다.

생각을 마치 지도를 그리듯 정리하는 "마인드 매핑"도 기본이다.

생각을 정리할 때 "마인드 매핑보다 효과적인 방법은 없다. 자신의 머릿속의 생각을 정리해보는 습관은 남을 설득하는데 훌륭한 도구가 된다.

프리젠테이션 전략 중 빼놓을 수 없는 것이 "펀치 라인"이다. 즉 4~5분마다 대상자들의 관심을 한 곳으로 모을 수 있는 펀치 표현 즉 문구를 사용하라는 것이다. 이 법칙은 자칫 지루해지기 쉬운 청중들의 집중력을 모으는 구심점 역할을 한다.

'시작이 반이다' 라는 우리 속담도 있듯이 프리젠테이션의 성패는 시작에 있다. 시작할 때 자세나 눈빛, 도입부의 발언이 프리젠테이션의 반을 좌우한다.

물론 나머지 반은 마지막 말에 담겨 있다.

마지막 말을 듣고 떠나는 사람이 계속 음미하고 되새긴다면 그 날의 프리젠테이션은 성공한 것이다.

'TOP' 의 법칙도 잊어서는 안 된다.

시간(Time) 상황(Occasion) 장소(Place)에 어울리는 언행과 옷차림을 해야 한다. 시간과 돈을 투자하며 프리젠테이션을 듣는 사람들에게 모르는 것을 알려주고 새로운 각오를 다지는 기회가 되도록 배려해야 한다.

▶ 준비 :

철저한 사전준비가 성공의 관건이다.

나도 청중 앞에서 잘 할 수 있다.

청중분석 ; 그들을 알아야 잘 할 수 있다.

목적분석 ; 왜 프리젠테이션을 하는가 ?

장소분석 ; 내 무대는 내가 만든다.

▶ 내용구성 :

가장 효과적으로 전달 내용 만들기 ; 메시지 20% 를 담는다.

아우트 라인 구성 ; 숫자 3의 마력 : 1, 2, 3으로 골격을 구성한다.

도입부 ; 첫인상의 위력 : 시작이 중요하므로 처음에 강한 인상을 준다.

내용구성

결론부 ; 끝이 좋으면 다 좋다.

시각 자료의 사용 : 파워포인트나 동영상을 적시에 활용하면 효과적이다.

▶ 진행기법

완벽한 연출로 청중을 사로잡는다.

시청각 기기를 적절히 사용한다.

자세와 태도 ; 당당하게 선다.

화술 ; 상대 반응을 보며 적절한 속도로 표현한다.

질문법 ; 이 문제를 어떻게 생각하십니까?

유머 활용 ; 도입부에 활용하면 시작부터 편한 분위기를 조성한다.

주의 집중 유도 ; 잠깐 포즈를 두거나 주의를 환기시키는 말을 한다.

리허설 ; 여러 번의 연습으로 완벽을 추구한다.

자신이 하고자 하는 바를 효과적으로 전하려면 사전에 어떤 준비를?

1 • 말하고자 하는 바를 잘 알고 있어야 한다.

2 • 사전에 준비를 완벽히 해야 한다.

3 • 파워포인트나 동영상 등 보조 자료를 적절히 활용하는 것이 좋다.

4 • 듣는 사람들이 무엇에 관심이 있는지 분석한다.

5 • 쉽고 간결하게 말한다.

6 • 객관적으로 말한다.

말을 할 때에는?

1 • 듣는 사람들의 이목을 집중시킨다.

인사치레 등과 같은 군소리를 배제하고,
처음부터 재미있는 강한 메시지를 던진다.
재미있는 일화, 감동을 줄 수 있는 명언을 적절히 가미하여 명쾌하게 이어 나가는 것이 관건이다.

2 • 말하고자 하는 내용의 중요성을 강조한다.

3 • 내용을 구체적으로 정확하게 전달한다.

정확한 숫자를 활용한다. 대충 얼마라는 식이 아니라 정확한 숫자를 제시함으로서 듣는 이로 하여금 신뢰를 받을 수 있다.

4 • 듣는 이의 요구를 충족시킨다 즉, 이해시킨다.

5 • 마지막 정리를 하여 다시 한 번 요점을 부각시킨다.

6 • 사전에 철저히 준비한다.

7 • 항상 메모한다.

어휘력을 늘리려면?

1 • 많이 읽어라. 책, 신문, 잡지 등 관심 있는 주제에 대한 글을 읽고 또 읽어라. 많이 읽다 보면 자연 많은 어휘를 접하게 된다.

Read. Read books for pleasure and magazines on topics that interest you. Read newspapers. The more you read, the more words you will come in contact with.

2 • 매일 말을 하거나 글을 쓸 때 새로 익힌 표현을 사용해라. 각 단어의 뜻이 기억에 확실히 남게 된다.

Use new-found vocabulary in your everyday communication (writing, speaking) to cement its meaning in your memory.

3 • 사전을 가까이 하라. 어원에도 관심을 가지면 오래 기억할 수 있다.

Become familiar with the dictionary. Reading the etymology of words you look up (where they come from) may make it easier to remember their meanings.

4 • 의도적으로 매일 새 어휘들을 배우고자 노력해라.

Deliberately try to learn new words every day. Don't just try to memorize them?use them right away and repeatedly in order to get them fixed in your long-term memory.

5 • 자투리 시간을 활용하여 단어 맞추기 게임 등을 하라.

Play word games such as Scrabble, or do crossword puzzles while waiting in lines or at traffic lights.

여러 사람 앞에서 말하기, Public Speaking

스피치를 할 때는 안정적이면서도 자신감이 넘치는 자연스런 자세를 갖는 것이 중요하다. 사무엘 존슨은 스피치는 사상의 패션쇼라고 했다. 열린 표정과 자연스런 몸짓으로 멋있게 스피치를 할 때 그 패션쇼는 성공했다고 할 수 있다. 그러므로 다음과 같은 여유 있는 자세를 갖추어야 한다.

1 • 등단 자세

허리를 곧게 펴고 당당히 걸어 나가서 연단 뒤쪽으로 15~30cm정도 떨어진 위치에 정지한다. 두발은 어깨 넓이로 벌이고 체중은 양발에 균등하게 준 상태에서 허리와 어깨를 곧게 펴고, 머리를 똑바로 든다. 마이크와 입술의 간격은 보통 10~30cm를 유지하고 각도는 30~45도로 한다.

2 • 시선 처리

스피치에서 연사의 시선 처리는 매우 중요하다. 연사의 자신감 있는 시선은 청중에게 신뢰감을 준다. 그러므로 자연스러운 시선처리야 말로 스피치의 성공을 좌우한다. 사실 청중의 눈을 정면으로 바라본다는 것은 결코 쉬운 일이 아니다. 그러므로 시선의 부담감을 줄이기 위해 청중들의 머리 바로 위쪽을 바라보는 방법도 있다. 자신에게 주어진 시간의 50% 이상을 청중을 바라보는데 쓰면 좋다.

3 • 얼굴 표정

스피치를 할 때 가장 바람직한 표정은 정중한 자세를 취하면서 살짝 미소를 머금는 것이다. 재미있는 이야기를 할 때는 즐거운 표정을 심각한 이야기를 할 때는 진지한 표정을 한다.

4 • 목소리

자신의 의사를 잘 전달하려면 우선 목소리와 발음이 분명해야 한다. 목소리는 연사의 감정이 담기는 그릇이기 때문에 좋은 목소리를 갖기 위해 꾸준히 노력해야 한다. 그러므로 목소리의 6요소 즉, 빠르기, 크기, 높이, 깊이, 쉬기, 힘주기를 적절히 조절해야 한다.

목소리는

- 큰 소리로
- 1분에 150~170 단어 정도의 적절한 속도로
- 분명한 발음으로
- 유려한 표현으로
- 적절히 쉬어가며
- 단조롭지 않게 다양한 톤으로 말한다.

5 • 제스처

제스처는 내용을 강조하거나 쉽게 이해시키기 위해서 신체를 의도적으로 움직이는 것을 말한다. 효과적인 제스처는 크고 분명하게 하며, 스피치와 시기를 맞추어서 변화하게 하는 것이 좋다.

6 • 복장

연단에 오르기 전 복장을 살펴보고 모습을 단정하게 보이도록 한다. 이는 청중을 위한 기본 배려이며 무언의 메시지이다. 옷은 발표자의 첫 인상을 좌우하므로 단정히 입는다.

7 • 하단 자세

하단 할 때의 스피치는 마지막 단계이므로 신중해야 한다. 청중은 연사의 뒷모습까지도 보고 있으므로 연사는 품위 있으면서도 자연스러운 자세로 퇴장하여야 한다. 하고 싶은 말을 성공적으로 마쳤다는 당당한 표정과 여유가 요구되기 때문이다.

기분 좋게 대화하기 위해서는 말하고 듣는 것이 적절히 이루어져야 한다. 상대방의 말을 듣는 자세가 말하는 사람에게 어떤 영향을 미치는지는 "코미디언을 죽이는 데는 하품 한 번이면 족하다"는 말에서 잘 알 수 있다.

즐거운 분위기를 돋우면서 대화를 잘 이끌어나가는 방법을 살펴보자.

1 • 열린 마음으로 즐겁게 듣는다.

상대가 말을 하기 시작하면 정색을 하고 자세를 바로 잡고 귀를 기울이며 듣는 사람들이 있는데 오히려 상대방에게는 부담이 된다. 말 떨어지기만 기다리는 표정을 짓는 것도 상대방에게 심적 부담을 줄 수 있다. 얘기를 들을 때는 즐거운 표정으로 상대를 바라보는 것이 바람직하다.

2 • 계속 얘기를 이끌어 갈 수 있도록 맞장구를 친다.

이야기를 들으면서 시선이 마주치지 않거나 반응이 담긴 표정이 드러나지 않는다면, 말하는 사람은 자신의 말을 정말 알아들었는지 의심스러워한다. 이때"맞아요, 그래서요?" 등 말을 이을 수 있도록 맞장구를 친다면 말하는 사람도 한결 흥이 난다. 그러나 "당연하지요" 등 대화를 끊거나, 상대방이 모르는 줄 알고 최신(?) 정보를 줄줄 읊는 사람에게 "여태 몰랐었어요?" "이미 알고 있어요"라고 한다면 상대는 무안해서 더 이상 말을 할 수 없게 된다.

3 • 잘못은 그 즉시 지적하지 않는다.

말의 핵심을 파악하여 들은 내용을 확인해가며 적극적으로 듣는 것이 좋다. 상대가 잘못 말했을 때는 바로 지적하지 말고 천천히 되물어 확인함으로써 상대 스스로 깨닫게 한다. 그러면 상대는 "내가 그렇게 말했나?"하면서 자신의 잘못을 깨달을 것이다.

4 • 상대로 하여금 이야기를 하도록 질문한다.

말을 잘 안하는 사람에겐 "네", "아니오"가 아닌 서술형 답변이 나오는 질문을 한다.

"어제 곧바로 퇴근했어요?"가 아니라 "퇴근 후에 뭐 하셨어요?"라고 물어 자연스럽게 말문이 트이게 하는 것이다. "무엇을", "어떻게"를 묻는 질문은 대답의 범위를 넓힌다. 평상시 말수가 적은 상대를 만날 때는 상대의 관심사와 관계된 화제 거리를 미리 준비하는 것이 좋다.

5 • 틈을 보아 적절하게 끼어든다.

대화 중에 좋은 아이디어가 생각났거나, 상대의 이야기가 일방적으로 길어 질 때는 "참, 좋은 생각이 떠올랐어요" 라고 양해를 구한 뒤에 하고 싶은 이야기를 꺼낸다.

방금 들은 이야기를 확인하거나 잘 이해가 되지 않은 부분에 대해 때때로 "이런 말씀이군요" 라고 질문하고, 나아가 자신의 의견을 덧붙이다보면 대화가 또 다른 새로운 각도에서 전개되어 나갈 수도 있다.

▶ 설명하기 : 듣는 이가 잘 알지 못하는 사실을 이해하기 쉽게 풀어서 전달하는 말하기

설명하기의 유의점

- 설명할 내용에 대한 정확하고 풍부한 지식을 갖추고 있어야 한다.
- 듣는 이의 눈높이에 맞춘다. 즉, 관심과 수준을 고려한다.
- 효과적으로 전달하는 기술을 터득하고 있어야 한다.
- 이해하기 쉬운 말을 사용한다.
- 적절한 속도로 말한다.
- 시청각 자료를 활용한다.
- 문장의 길이를 50음절이 넘지 않도록 한다.

⇨ 사실을 알기 쉽고 정확하게 전달

설명의 방법

• 지정 : '누구냐?', '무엇이냐?' 에 대한 대답 형식. 대상을 손가락으로 가리키듯 지정하거나 확인하는 설명 방법

예 | 여기 사진 가운데 앉아 있는 사람이 장관이다.
우리나라 꽃은 무궁화이다.

• 정의 : 어떤 말이 가지고 있는 뜻을 풀이하여 설명하는 방법

예 | 통역이란 의미를 말로 전달하는 의사소통행위이다.
정자란, 경치나 전망이 좋은 곳에 아담하게 지은 집이다.

• 비교와 대조 : 둘 이상의 사물이나 현상 등을 견주면서 서로의 유사점을 설명하는 방법을 '비교'라 하고, 서로의 차이점을 설명하는 방법을 '대조'라 한다.

예 | 통역이란 말로 의사소통을 하고, 번역은 글로 의사소통을 한다. (비교)
똑같이 의사 전달을 하나 말은 즉시 사라지고 글은 오래

도록 남는다. (대조)

• 분류 : 일정한 기준에 따라 종류를 가르는 설명 방법

예 | 통역방식에는 크게 순차통역과 동시통역이 있다.
한국, 중국, 일본은 동북아시아 국가이다.

• 분석 : 하나의 대상을 구성 요소들로 나누어 설명하는 방법

예 | 동시통역 장비는 마이크, 헤드셋, 콘솔, 부스로 이루어져 있다.

• 예시 : 일반적이거나 추상적 관념적인 것을 구체적이고 특수한 것을 예로 들어 설명하는 방법

예 | 우리가 영어를 듣고 이해한다는 것은 영어를 알고, 얘기하는 내용에 대해서도 알아 상대방이 영어로 하는 말의 뜻을 알아듣는다는 의미이다.

▶ 보고하기 : 조사하거나 관찰한 사실 등을 체계적으로 정리하여 듣는 이에게 필요한 정보를 제공하는 말하기

보고하기의 특성 목적성

• 일정한 대상에게 원하는 정보를 제공하기 위한 말하기이다.

객관성

• 사실을 있는 그대로 말한다.

정확성

• 조사, 실험, 관찰의 결과, 통계, 용어 등이 정확해야 한다.
• 보고하기의 준비 정확하고 구체적인 자료 수집
• 내용을 짜임새 있게 구성

보고할 때의 유의 사항

• 사실과 의견을 구별해야 한다. (객관성)
• 듣는 이가 예측할 수 있도록 보고 내용, 대상, 순서, 방법 등을 먼저 말한다.
• 정확하고 구체적으로 말한다. (정확성)
• 표, 그림, 관련 사진 등 보조 자료를 적절히 사용한다.

▶ 일어난 일 말하기

중요한 것은?

- 일어난 일을 사실대로 정확하게 말하는 것.
- 개인적인 느낌이나 의견이 개입하면 이야기가 그릇되게 전해질 염려가 있기 때문이다.

6하원칙

- 사실대로 정확하게 전달하기 위해 육하원칙에 따라 말하는 것이 좋다.

  누가(who), 언제(when), 어디서(where), 무엇을(what), 어떻게(how), 왜(why)

주체, 시간, 장소, 객체, 방법, 이유

이 중에서 특히 주체와 객체가 되는 '누가' 와 '무엇을' 은 생략해서는 안 된다.

필자의 경우 외부 강연을 자주 하는 편이다. 강연 의뢰를 받으면 우선 다음과 같은 질문을 해본다.

강연도 대중 앞에서 하는 공연(performance)이 아닌가.

1 • 수락하기 전에 생각해본다.

2 • 구체적이고 실질적인 질문을 한다.

- 날짜

- 시간

- 장소

3 • 맥락을 파악한다.

- 왜, 어떠한 경우인지(occasion)

- 때와 장소(venue)

- 청중(audience)

4 • 내가 과연 이 일에 맞는지?

5 • 내가 하고 싶은지?

6 • 잘 할 수 있을 것 같은지?

7 • 서면으로 청탁을 받고 임박해서 재확인한다.

여러 사람들 앞에서 말을 해야 하는 모든 사람들은 보다 효과적으로 말을 하기 위해서는 우선 연설의 본질을 살펴봐야 할 것이다.

연설이란?

연설의 달인 처칠의 일화를 통해 살펴보기로 하자.

영국의 뛰어난 정치가이자 웅변가인 윈스턴 처칠은 제2차 세계대전 중에 위대한 국가 지도자로 활약했을 뿐만 아니라 많은 강연과 훌륭한 저술을 써서 노벨 문학상을 수상하기도 했다.

그는 명문 옥스포드 대학에서 졸업식 축사를 하게 되었다. 그는 위엄 있는 차림으로 담배를 입에 물고 식장에 나타났다. 처칠은 열광적인 환영을 받으며 천천히 모자와 담배를 연단에 내려놓았다. 그리고 청중들을 바라보았다. 모두들 숨을 죽이고 그의 입에서 나올 근사한 축사를 기대했다. 드디어 그가 입을 열었다. "포기하지 마라!(Don' t give up.)" 그는 힘 있는 목소리로 첫마디를 뗐다. 그러고는 다시 청중들을 천천히 둘러보았다. 청중들은 그 다음 말을 기다렸다. 그때였다. "절대로 포기하지 마라!" 처칠은 다시 한 번 큰 소리로 이렇게 외쳤다. 더 이상 아무 말도 하지 않고 다시 모자를 쓰고는 연단을 걸어 내려왔다. 그것이 졸업식 축사의 전부였다.

또 하나의 유명한 윈스턴 처칠의 연설은 1940년 영국 의회에서 한 연설 이다.

"나는 피, 수고, 눈물, 그리고 땀밖에 달리 드릴 것이 없습니다."

"I have nothing to offer but blood, toil, tears, and sweat."

영국의 보수당 의원 윈스턴 처칠은 히틀러의 나치 독일군이 네덜란드-벨기에-룩셈부르크를 돌파, 프랑스를 향해서 진격하고 있을 때인 1940년 5월13일 의회에서 연설했다. 그 며칠 전 독일에 대해

유화론자이던 챔버레인 前 수상을 계승한 처칠은 이 연설에서 "나는 피, 수고, 눈물, 그리고 땀밖에 드릴 것이 없습니다."란 유명한 말을 남겼다. 이 연설에서 처칠은 반복과 두운법을 활용하여 연설에 극적인 효과를 더했다("many many months of struggle and suffering"). 처칠은 나치 독일이 극에 달하고 영국의 운명이 위태로운 때에 앞으로 닥쳐올 고난과 희생의 세월에 대비하도록 국민들에게 경고하고 호소하고 있다. 처칠은 웅변으로써 영어의 힘을 동원하여 영국인의 투지를 불러냈다.

처칠은 연설에 앞서 늘 애완용으로 기르던 고양이에게 준비된 연설을 들려주곤 했다고 한다. 그러나 가장 중요한 것은 말이 아니라 말속에 담긴 마음이자 신념이고 비전이다.

1874. 11. 30 - 1965. 1. 24
Winston Leonard
Spencer Churchill

PART 4

이렇게 소통하라

"이말듣소"를 관통하는 키워드는 역시 소통이다. 말로 하는 소통이 그 중심에 있기에 언어에 대해 짚고 넘어가지 않을 수 없다.

언어는 인간의 의사를 전달하는 기호체계의 하나로서 언어 기호는 의미와 형태를 맺어준다. 즉 언어기호는 형태 혹은 소리와 이에 대응하는 의미를 지니고 있다.

通

글 쓰기

필자가 미국 보스톤에 여행했을 때 MIT 대학 근처를 둘러볼 기회가 있었다. 필자는 직업이 직업인지라 세계 최고인 MIT 공대 근처 서점에서 가장 많이 팔린 책이 무엇일까 문득 궁금해졌다. 뜻밖에도 수십 년 동안 가장 많이 팔린 책은 글쓰기에 관한 책이라고 한다. 문과도 아닌 공대 학생들이 왜 이토록 글쓰기 책을 사보는 것일까.

우리나라 서점들도 그렇듯이 출입구 가까운 진열대에는 베스트셀러가 전시된다. 여기에 진열된 문고판 크기의 글쓰기 책인 '스타일의 요소' (The Elements of Style)는 수십 년 동안 서점에서 가장 많이 팔린 책이다. 미국 최고의 이공계 대학에서 글쓰기 책이 가장 잘 팔린다는 것은 누구에게나 놀랄 일이다. 하긴 미국에서 공학박사를 한 형부도 미국에 와서 수많은 좋은 책들을 접했지만 가장 도움을 많이 받은 책을 선물한다며 준 책이 바로 이 "스타일의 요소"라는 책이었다. 이 책은 윌리엄 스트렁크라는 교수가 1919년에 강단에서 글쓰기를 가르치면서 만들었던 강의록을 그의 제자이자 작가인 E. B. 화이트가 수정 보완하여 40년 뒤에 만든 것이라고 한다.

이 책에서 강조하는 내용의 핵심을 살펴보면 다음과 같다.

첫째, 글은 간결하고 짧게,
둘째, 두 문장을 절대 붙여서 길게 쓰지 말고,
셋째, 수동형은 피하고(영어로 쓸 때 적용되는 얘기이고 한국어로는 그다지 수동형을 쓰지 않으므로 해당되지 않는다)
넷째, 불필요한 단어는 무조건 빼라

물론 문과 출신이라고 다 잘 쓰는 것은 아니지만 우리나라 이과 출신 과학자들이 상대적으로 글쓰기에 능하지 못한 것은 글쓰기 훈련을 제대로 받지 못했기 때문이다.

과학자답지 않은(?) 부드럽고 읽기 쉬운 글쓰기로 친숙한 최재천 교수의 말 "과학적 글쓰기란 쉽고, 간단하고, 짧게 쓰는 것이라고 생각합니다. 아름답게 쓰면 더 좋겠지만 정확하게 쓰는 것이 먼저입니다."에서도 볼 수 있듯이 간결하고 짧게 쓰는 것이 중요하다.

글쓰기가 중요한 이유는 쓰기를 통해 명쾌한 사고 능력이 생기고, 이는 연구 능력과도 직결되기 때문이다. 실제로 글을 잘 쓰는 학생들이 졸업한 뒤에도 성공할 가능성이 높다는 조사 결과도 있다.

과학과 기술을 일종의 커뮤니케이션으로 보는 시각도 있다. 과학기술자에게 쓰기는 지식 형성에 결정적인 영향을 미치고, 대중은 물론 같은 분야의 전문가들이 정보를 습득하는데 큰 도움을 준다. 또한 요즘 과학기술 논문은 대부분 공저이기 때문에 글쓰기가 하나의 협동과정이다. 특히 요즘에는 자료들이 e메일을 통해 초고속으로 전파되기 때문에 글쓰기는 그 중요성이 더 강조되고 있다.

필자의 경우 박사 과정 학점은 출석과 수업 중 발표 20%, 시험 30%, 리포트 50%로 매긴다. 글쓰기가 학점을 좌우하는 것이다. 리포트의 주제는 수업시간에 이해한 내용, 참고 문헌 읽은 소감, 자신이 관심있는 분야 등을 자유롭게 정한다. 하지만 리포트를 한 번 제출하면 끝나는 게 아니라 제출한 리포트를 다 같이 코멘트하고 수정 · 보완해 다시 제출해야 한다.

리포트가 성적을 좌우하므로 학생들은 필자가 지적한 리

포트의 논리적 허점, 미비한 분석, 어색한 표현 등을 해결하기 위해 씨름을 한다. 박사 과정이 끝날 무렵이면 자신의 의견을 논리적으로 개진할 수 있는 능력을 갖게 된다. 나중에 후진에게 자신이 말하고자 하는 바를 쉽고도 간결하게 설명할 수 있는 능력도 이와 아울러 배양되는 것이다.

미국의 한 학자가 20개 연구기관에서 일하는 과학자와 엔지니어 2백65명을 대상으로 설문조사를 한 바에 따르면, "글쓰기 능력이 출세에 직접적인 영향 주었다"라고 보도한 기사를 읽은 적이 있다. "자신의 생각을 명쾌하고 논리적으로 표현할 수 있는 엔지니어는 5년 안에 관리자가 될 수 있다." "제안서가 제대로 작성되지 않으면 연구비를 받을 수 없음은 물론 고객의 마음도 움직일 수 없다." "커뮤니케이션의 질은 아이디어를 얻는 데 큰 영향을 미친다." 등은 설문지의 남기고 싶은 말 난에 써놓은 내용들이다.

위대한 과학자들 가운데는 명작가가 많다. 코페르니쿠스, 갈릴레이, 뉴턴, 다윈, 프로이드, 제임스 왓슨, 레이첼 카슨, 스티븐 호킹 등은 단지 논문뿐 아니라 일반이 쉽게 읽을 수 있는 명저를 남긴 사람들이다.

갈릴레이는 '대화록' 을 써서 유명해졌으며, 다윈은 진화론을 체계화한 '종의 기원' 으로 일순간에 베스트셀러 작가가 되었다. 무의식의 세계를 파헤친 정신과 의사 프로이드는 '꿈의 해석' 을 불후의 고전으로 남겼다. 요즘도 선진국에서는 과학자들이 책을 통해 대중의 지적 욕구를 채워주는 지식인 역할을 많이 하고 있다. '시간의 역사' 를 쓴 스티븐 호킹의 경우도 전문 작가가 무색할 글을 써 베스트셀러 작가의 반열에 오른 학자이다.

최근 우리나라에도 글쓰기가 뛰어난 과학자들이 환영을 받고 있다. 최재천 교수, 이시형 박사, 김종성 박사, 유달영 교수 등 이들은 뛰어난 이공계 학자이면서도 탁월한 문장력으로 어려워 보이는 과학, 의학과 일반 세상과의 연결 고리 역할을 해낸 것이다. 불가사의한(?) 언어로 썼더라면 일반인들이 쉽게 다가가지 못했을 것임은 자명하다. 이공계 학자들의 글을 우리중 고등학생들 국어 교과서에 실은 것은 고무적인 일이라 생각한다.

외국뿐만이 아니라 우리나라에서도 대학 입시에 논술이 도입되어 고등학교에서 글쓰기 교육이 한층 더 강화되고 있다. 고교생들에게만 글쓰기 교육을 할 것이 아니라, 훈련이 제대로 안된 이과 대학생들에게도 글쓰기 교육을 철저히 시켜야 한다. 글쓰기가 문과생들만의 전유물은 아니지 않은가? 말은 생각을 구체화 시켜주고, 글은 뒤죽박죽이 된 생각을 정리해주는 힘을 가지고 있다.

글 쓰기 노하우 실제

글쓰기 노하우를 위해 여러 가지 예를 들 수 있으나 취직하기가 하늘에 별 따기만큼이나 어려워진 세태이니 자기소개서 쓰기를 예로 들어 살펴본다. 인터넷으로 접수를 받기 때문에 더 많은 사람들이 응시하여 관문이 더 좁아질 지도 모르겠다.

모든 글이 그렇지만 우선

1 • 한 눈에 들어올 수 있도록 보기가 좋아야 한다.

아무리 내용이 좋아도 상대방이 읽지 않는다면 금과옥조를 써놓았던들 무슨 소용이 있는가. 눈에 보기 좋게 적당히 큰 활자로 써야하며 깔끔한 양식으로 산뜻한 느낌이 들게 쓴다. 글을 쳐다보면 읽고 싶은 생각을 불러일으켜야 하지 않겠는가?

2 • 사무적이지 않으면서도 자신을 돋보이게 핵심을 찔러 쓴다.

현대는 시간이 주요 결정 변수이다. 한 눈에 일목요연하게 들어와야 한다.

3 • 내용 전개는 간결하면서도 절제된 표현을 쓴다.

4 • 성장과정, 성격 및 특기로 나누어 소제목을 넣는 것도

좋고 소제목을 안 쓰고도 한 눈에 성장과정이나 성격 특기를 쓴 것을 알 수 있게 적는 것도 한 방법이다.

5 • 많은 애기를 하려하지 말고 하나를 선택하여 집중적으로 쓴다.

6 • 상대방이 원하는 정보를 파악해 제공한다.

7 • 접속사를 많이 쓰면 격이 떨어져 보인다. 특히 문장마다 '그래서'를 자주 넣으면 경박해 보인다. 접속사는 글의 흐름이 바뀔 때만 적절히 사용한다.

8 • 오자나 탈자가 있어도 첫 인상이 좋지 못하므로 반드시 철자를 점검해 봐야 한다. 영어로 표기할 경우 대문자 소문자까지 신경을 쓴다.

9 • 인터넷의 확산으로 남의 것을 모방하면 금방 표시가 나니 금물이다.

10 • 독창성을 가진 사람으로 자신의 이미지를 확실히 각인시켜야 한다.

글을 잘 쓰려면?

사람이 말을 하지 않고는 하루도 살수가 없다. 아침에 눈을 뜨면서부터 가족들과 대화를 나누고, 학교에 가서 친구들과 생활하고, 또 사회에 나가 직장 생활을 하면서 수많은 말을 주고받게 된다. 말을 하지 않는다면 우리는 살아가는데 불편하고 힘이 든다. 재미나 즐거움을 느끼지 못하게 되는 것은 당연하다. 그러므로 우리는 되도록 좋은 말을 하고 가려 쓰도록 노력해야 한다. 자신의 생각이나 느낌을 말로 표현하기도 하지만, 때로는 글로 나타내야 할 때도 많이 있다. 현대 사회에서 글쓰기의 필요성과 중요성을 새삼 강조하지 않아도 누구나 잘 인식하고 있다. 글쓰기란 뒤죽박죽이 된 자신의 생각을 잘 정리하여 표현하는 것이다.

제대로 글을 쓰려면 타고난 자질도 있어야 하지만 인고의 훈련과정을 거쳐야 한다. 천부적인 소질이 있는 사람도 있겠지만 대부분은 상당 시간을 투자해야 가능한 것이다. 필자의 경우도 여기에 해당한다. 그 동안 글쓰기 훈련(?)을 통해 얻은 노하우를 소개한다.

1 • 다른 사람이 써 놓은 글을 많이 읽어야 한다.

2 • 읽는 사람에 눈높이를 맞추어 쓴다.

읽는 사람에게 눈높이를 맞추어 작성하고 자신의 박식함을 과시하려 하지 않는다.

3 • 논리에 맞추어 자연스럽게 써나간다.

긴 복문보다는 읽는 사람 위주로 내용을 전개한다. 내용이 역접으로 바뀌면 '그러나' 순접이면 '그러므로' 등 연결어를 적절히 넣는 것도 요령이다.

미테랑 대통령의 헬기 독서 삼매경에 지금도 고개가 숙여진다.

필자는 미테랑 대통령을 여러 번 뵐 기회가 있었다. 다섯 차례에 걸친 정상회담 통역으로서와 프랑스에서의 독대로 모두 여섯 차례이다. 필자가 가장 놀란 것은 미테랑 대통령의 독서열이었다. 한국에 국빈 방문으로 오신 것은 1993년이었다. 헬기를 타고 대전엑스포를 방문하기 위해 헬기장에 도착했다. 갑자기 쥬아노 의전장에게 당신의 가방을 가져오라고 말씀하셨다. 아니 헬기장에서 왜 가방을 찾으시는 건가? 필자는 의아한 눈을 뜨고 의전장이 대통령께 가방을 건네는 모습을 주시했다. 대전까지 헬기로 20여분 남짓 비행하는 그 시간이 아까워 독서를 하려고 가방을 찾은 것이다. 다 낡은 가방에서 오래되어 색이 바랜 책을 하나 꺼냈다. 그리곤 헬기를 타본 사람이면 누구나 끔찍해 하는 그 소리를 아랑곳 않고 독서 삼매경에 빠졌다. 내 옆에는 미테랑 여사와 크레송 전 총리가 앉아 계셨는데 대통령의 독서를 방해하지 않으려고 해서가 아니고 워낙 시끄러운 프로펠러 소리에 침묵을 지킬 수밖에 없었다. 미테랑 대통령의 필력은 자타가 공인하는 수준인데 아마 타고난 달란트도 있겠지만 워낙 많은 책을 읽으셔서 그렇다고 필자는 생각한다.

1916.10.26 ~ 1996.1.8

François Maurice Marie Mitterrand

4 • 핵심은 한눈에 파악되도록 간단명료하게 쓴다.

신문이나 잡지처럼 제목만 보고도 내용을 짐작할 수 있도록, 첫 문단을 보면 전체 흐름을 파악할 수 있도록 해야 한다. 지나친 미사여구보다는 간결하면서도 정곡을 찌르는 표현을 쓴다.

5 • 큰 그림이 보이도록 쓴다.

서론은 간략하면서도 정곡을 찌른다. 본문은 많은 예를 들어가며 독창적인 내용을 정확하게 쓴다. 결론은 명료하게 요약하며, 미해결 과제를 언급할 수도 있고 가능한 해결 방안을 제시할 수도 있다.

6 • 생각하는 시간을 많이 가져야 한다.

7 • 항상 메모하는 습관을 가져야 한다.

8 • 많이 써봐야 한다.

"이말듣소"를 관통하는 키워드는 역시 소통이다. 말로 하는 소통이 그 중심에 있기에 언어에 대해 짚고 넘어가지 않을 수 없다.

언어란?

생각이나 느낌을 음성 또는 문자로 전달하는 수단이다. 또, 언어는 사람을 다른 동물과 구별하여 주는 특징의 하나이다. 즉 아프리카나 뉴기니의 어떠한 미개한 인종이라도 언어를 가지지 않은 족속이 없고, 한편 아무리 고등한 침팬지라도 인류와 같은 언어를 가지고 있지는 않다.

침팬지의 새끼를 갓 태어난 아기와 함께 길러 보았으나 사람과는 달리 침팬지는 언어를 습득할 수 없었다고 한다. 따라서 인간은 다른 동물이 가지고 있지 않은 언어습득의 선천적인 능력을 가지고 태어난다. 다른 기능도 별로 발달하지 않은 유아기의 비교적 짧은 시간에 별도의 교육 없이 말을 습득하는 사실로 미루어 보아도 인간은 선천적인 언어능력을 갖고 있다고 할 수 있다.

최근에 여러 학자들이 과연 언어가 인간의 전유물인가, 동물도 교육에 의하여 언어를 가질 수 있지 않을까 하는 가설 아래 많은 실험을 하였다. 그러나 반복적인 집중학습으로 많게는 400여 단어까지 습득하고 간단한 문장을 구사하는 것으로 실험 결과가 나왔으나 재조사를 한 결과 이러한 문장의 사용은 단지 자극에 대한 반응, 보상에 의한 재강화 또는 단순한 모방에 불과하다는 것이 밝혀졌다. 이로써 고등 동물이라도 인간과 같은 언어는 가질 수 없다는 결론에 이르렀다.

기능

인류가 다른 동물보다 복합적인 사회생활을 하며 문명을 발달시켜 온 것은 언어가 가진 기능 덕분이다. 경험이나 계획을 남에게 전하기도 하며, 경험을 언어로 표현한 지식의 축적으로 문화가 더 나은 방향으로 발전할 수 있었다.

말은 한번 내뱉으면 사라져, 멀리 또는 오래 전달할 수 없다. 이러한 말의 순간성을 보완하고 기억을 돕는 수단으로 문자가 개발되었다.

그림으로 시작한 문자는 표의문자로 그 다음에는 표음문자의 순으로 발전해 왔다. 이 중 소리 하나하나를 적는 표음문자, 그 중에서도 음소문자가 가장 발달한 문자인데 한글이나 알

파벳이 여기에 속한다.

말과 문자의 차이를 여기에서도 찾아볼 수 있다. 즉 언어란 시대에 따라 변하는데, 이러한 음성 언어인 말의 변화를 글의 보수적인 특성으로 잘 반영되지 않는 경우가 많다. 따라서 말과 글 사이에는 소리, 문체 면에서 차이가 생기게 되었다. 말은 억양 · 어조, 휴지 등의 감정을 나타낼 수가 있는 반면, 글은 보다 논리적이고 정제된 표현이 가능하다.

언어는 인간의 의사를 전달하는 기호체계의 하나로서 언어 기호는 의미와 형태를 맺어준다. 즉 언어기호는 형태 혹은 소리와 이에 대응하는 의미를 지니고 있다.

언어가 자의적이 아니라면, 세계의 모든 언어는 하나의 개념에 대해서 같은 형태, 즉 소리를 지니고 있게 될 것이다. 사람을 나타내는 말이 한국어에서는 "사람", 영어에서는 "man", 중국어에서는 "人" 등으로 각각 다르다.

언어는 머릿속에 저장되어 있는 면과 그것이 밖으로 나타나 쓰이는 양면에서 파악될 수 있다. 언어학자 F.소쉬르는 전자를 랑그라 하고 후자를 빠롤이라고 하였다. 랑그는 머릿속에 들어 있는 언어를 가리키는 반면 빠롤은 순간적이고 개인적이며 상황 속에서 사용되어 나온 언어이다.

후에 촘스키는 언어의 이러한 양면성을 언어능력과 언어수행으로 구별하여 언어능력에 대한 연구가 이루어진 후에 언어수행에 대한 연구가 가능하다고 하였다.

언어는 놀라운 것이다.
생각을 표현하기도 하고, 생각을 감추기도 하며,
생각을 바꿀 수도 있기 때문이다.

켈리 포디스

Language is a wonderful thing. It can be used to express thoughts, to conceal out thoughts, or to replace thinking.

언어는 시간의 흐름과 함께 변한다. 그러나 일반적으로 이러한 변화는 동시대인이 깨닫지 못하는 경우가 많으며, 몇 세대를 거친 후에 변화가 느껴진다. 언어의 변화는 언어를 사용하는 인간을 떠나서는 생각할 수 없다.

지구상에 수천 개의 언어가 말해지고 있는 것은, 몇몇 개의 언어에서 가지를 쳐서 발달하여 나왔기 때문이다. 언어의 변화는 언어음에만 나타나는 것이 아니라, 문법, 형태소, 모든 의미의 면에서 일어난다. 특히, 의미는 문화 발전과 밀접한 관련을 가지고 있어서, 언어 의미의 연구와 문화의 연구는 밀접히 관련된다.

가장 많이 사용되는 언어는 중국어, 영어, 스페인어, 러시아어, 힌디어, 벵골어, 독일어, 포르투갈어 등의 순이다.

참고로, 대부분의 사람들이 나이 별로 아는 단어의 수는 다음과 같다.

- 4살 경 5,600 단어를 알고
- 5살 경 9,600 단어를 알고
- 6살 경 14,700 단어를 알고
- 7살 경 21,200 단어를 알고
- 8살 경 26,300 단어를 알고

- 9살 경 29,300 단어를 알고
- 10살 경 34,300 단어를 알고
- 대학교 1~2 학년생이면 120,000 정도 단어를 안다.

2007년 4월 현재 정식으로 등록된 세계의 언어의 수는 모두 126개이나 원주민들이 사용하거나 아직 나라가 개방되지 않은 곳의 언어까지 합치면 약 7200개 정도가 된다고 한다. 이 중 절반이 타민족에 대한 억압적인 언어정책과 힘 있는 언어의 문화적 경제적 흡인력으로 사라질 위기에 처해 있다고 유네스코가 2002년 발표한 바 있다.

한 언어가 사라지면 인간의 사고와 세계관을 인식하고 이해하는 도구를 영원히 잃어버리게 되는 것이므로 언어가 사멸되지 않도록 많은 지원이 뒷받침되어야 한다. 언어 사멸 위기는 미국과 호주에서 가장 두드러졌으며 두 나라 모두 70년대까지 시행한 언어 차별정책이 20~30년 뒤 수백 가지 언어의 사멸위기를 초래하고 있는 것으로 나타났다.

모국어를 가장 사랑하는 국가로 알려진 프랑스의 경우에도 14개 언어가 사라지고 있는 등 유럽에서는 50개 언어가 사멸위기에 처해 있는 것으로 나타났다. 반면, 인도 정부의 영어, 힌디어 공용어 정책과 병행되는 다언어 정책이 현지어 생존에 도움이 되고 있으며 영국 잉글랜드 남부의 켈트어와 일본의 아이누어는 정부의 회생 운동 덕분에 되살아나고 있다.

언어들의 공통점

1 • 인간의 언어의 역사는 수만 년 전으로 거슬러 올라간다.
2000~3000년 전부터 언어에 대한 연구가 시작됐다.

2 • 인간이 자신의 생각의 뉘앙스를 표현하기 위해 사용하는 방법은 한정되어 있다.
새로운 단어는
- 다른 언어에서 차용하거나,
- 병립해서 쓰기
- 한 어근에서 파생되어 나온다.

3 • 언어가 정확히 정의되고 개인적으로 사용할 수 있는 것은 문자가 있고, 학교가 있기 때문이다. 언어가 교육되지 않는 지역에서는 언어 간 구별, 묘사 등이 모호하다.

4 • 모든 언어는 인간이 말할 필요가 있는 것은 다 표현한다.

5 • 모든 언어는 장점과 단점이 있다.
불어의 경우 정확하고 엄정하나 사용하기 힘들고 철자, 문법 등 외국인이 배우기 힘들다.

6 • 모든 언어는 단순해지는 흐름과 풍요로워지는 두 흐름을 다 갖고 있다.

7 • 언어 간의 역학 관계는 그 언어를 말하는 사람들 간의 역학 관계와 유사하다.

8 • 순수한 언어는 없다. 서로 섞이고 섞인다.

9 • 사용되지 않는 언어는 사멸한다.

10 • 과학기술, IT기술의 발달로 사용 중인 언어 간의 단순화와 혼합화 과정에 더 가속이 붙는다.

구어

입으로 말하고 귀로 들리는 말.

음성언어라고도 하며, 문어에 대응하는 개념이다. 몸짓 · 표정 등이 표현 및 이해를 돕는다. 또한 억양 · 강약 · 느리고 빠름의 변화가 중요한 역할을 한다. 문어와 달리 일단 말을 하고 나서는 고칠 수가 없으므로, 다듬어지지 않은 표현이 많고, 각 문장은 비교적 짧고 구조가 단순하다.

입말이라고도 하는 음성 언어는 대체로 말하는 이와 듣는 이가 전화, 라디오, TV를 제외하고는 주로 상대방을 보면서 말을 주고받는 것이므로 표정, 몸짓이나 듣는 이의 반응과 같은 언어 외적 요소가 표현 및 이해를 위한 보조 수단이 되고, 말하는 속도, 고저, 강약, 음조 등이 중요한 구실을 하는 경우가 많다.

늘 상황 속에서 말을 하므로 자연 상황에 의존하는 일이 많기에 문장 성분이 생략되는 경우가 많다. 시간적인 여유가 없어 수정을 할 수가 없기 때문에 반복이나 과감한 도치법 등이 많이 사용된다.

글말인 문장어에 비해 단순하고, 쉬거나 멈칫거림을 줄이려고 '채움말'을 사용하는 일이 많다. '아시다시피', '있잖아요'와 같은 신호말도 많이 사용한다.

또 구어에서 특기할 만한 것은 상황 속에서 상대 앞에서 얘기하므로 대부분 상대를 배려하여 경어 표현을 쓴다. 강의 · 강연 · 연설 등 많은 사람을 상대하는 경우에는 문어와 가까워지므로 일상적인 대화와는 크게 다르다. 오늘날은 대중매체가 발달함에 따라 토의 · 회의 · 발표 · 선전 등이 많아져서 구어가 차지하는 비중이 더 커지게 되었다.

요즈음에는 결국 구어, 문어에 모두 능해야 경쟁력이 있지만 보다 신속성을 강조하는 시대인 만큼 적극적으로 구어 능력을 보강해야 한다.

말은 단지 말일 뿐, 그 말에 담겨진 마음이 없다면 무의미하다.

중국속담

Words are just words and

wuthout heart they have no meaning.

문어

문어는 글말이라고도 하고 문자 언어라고도 한다.

읽거나 쓰는 데 사용되는 말이나, 경우에 따라서는 격식을 갖춘 구어도 포함된다. 일반적으로 언어의 축약이나 문장 성분의 생략이 적으며, 어휘도 대체로 신중하게 선택하여 사용한다.

흡연을 삼가 주시기 바랍니다. (문어)
담배피지 마세요. (구어)

문어와 구어 커뮤니케이션의 차이

1 • 발신자와 수신자가 같은 공간에 있느냐 없느냐

문어는 전달자와 수신자가 다른 공간에 있지만 구어는 같은 공간에 있으므로 상대방의 호흡과 반응이 전해지는 직접적이고 역동적인 커뮤니케이션이 가능하다.

2 • 순간성과 반복성

글은 이해가 안 되면 여러 번 반복해 읽을 수 있지만, 말은 한 번 내뱉으면 끝이 나고 반복하더라도 결코 동일한 메시지는 아니다. 그러므로 말에는 쉽게 즉각적으로 정확히 알아들을 수 있는 표현법이 요구되고 수신자 입장에서도 집중해 듣는 기술이 필요하다.

3 • 호칭

글에서는 주로 공식적이고 간접적인 호칭을 사용하지만, 말은 좀더 개인적이고 직접적인 호칭을 한다. 그러므로 말이 글보다 친근하며 효과가 높아 연사가 청중을 향해 적절한 호칭을 사용하면 강한 인상과 메시지를 쉽게 전달할 수 있다.

4 • 묘사성

단어는 추상적인 성질을 가지고 있어서 글만 가지고는 의미가 와 닿지 않는 경우가 있는데 이때 단어를 풀어서 설명해 주면 쉽게 이해하게 된다. 즉, 구어로는 말하면서 동시에 여러 비언어적 요소를 사용하여 묘사함으로써 상대방이 그 단어를 머릿속에 떠올릴 수 있도록 한다.

5 • 문장 길이와 표현

같은 시간에 들을 수 있는 양은 그 시간에 읽을 수 있는 양에 비하면 백분의 일 정도에 그친다. 그러므로 말로 할 때는 쉬운 단어를 사용하여 짧게 표현하며, 문장도 간단하고 쉬운 단문을 주로 사용한다.

문어를 그대로 말로 옮기면 부자연스러우며, 구어를 글로 옮기면 부정확하고 불완전한 문장이 되기 쉬우며 표현도 단순하고 품위도 없어 보인다.

6 • 어미 처리

구어의 어미는 다양해 감탄사, 지시어, 질문 등의 문장을 사용함으로써 상대방의 주의를 환기시키고 대화에 적극적으로 참여하도록 유도할 수 있다. 글의 경우는 주로 "…. 했다", "….이다" 로 끝나 구어에 비해 수동적이다.

7 • 반응

말은 발신자가 상대방으로부터 즉각적인 반응을 받을 수 있기 때문에 메시지의 전달 여부를 확인하고 수시로 수정 보완을 할 수 있다. 반면, 글은 시간이 걸리고 상대방 반응에 효과적으로 대응하기도 힘들다.

이제 구어로 상대방을 설득하는 등 커뮤니케이션을 해야 하는 것은 우리 모두에게 피할 수 없는 일이다.

땀 흘리는 사람이 아름답다. 열심히 일하는 사람의 생활만큼 아름다운 것은 없다. 미국의 과학자들이 최근 발표한 연구 결과에 따르면, 사람이 행복을 느끼는 정도는 타고난다고 한다. 그래서 행복이란 돈의 많고 적음이나 교육 수준이 높고 낮음과는 아무런 상관이 없다는 것이다. 그런데 서유헌 서울대학교 의과대학 교수의 '두뇌 장수학'에 의하면, "손이 부지런한 사람이 오래 산다."고 한다. 단순히 전신의 혈액순환이 원활해져서 그런 것만은 아니다. 손이 부지런하면 두뇌 자체가 건강해져 두뇌의 질병과 노화 방지 기능이 강화되기 때문이라고 한다. 결국 손을 부지런히 놀리는 사람만이 건강하고 행복하게 살 수 있다는 이야기이다.

알아두면 편리한 라틴어원과 그리이스어원

• AB 멀리함, 혐오

- aberration 정상을 벗어남
- abstraction 추상 (현실과는 거리가 멈)
- 참고로 "t" 앞에서는 ab는 abs로 됨

• AD 근접, 연결, 결과

- adapt 적응하다

• AG 움직이게 하다

- agent 에이젼트, 움직이는 사람

• AGR 경작, 밭

- agriculture 농업

• ALB 하얀

- album 앨범 (하얀 종이 위에)
- albumen 달걀 흰자위
- albinos 색소결핍증 흰둥이

• ALI 다른, 외부의

- alien 외국의
- alibi 알리바이 (현장 부재 증명)

• AM 사랑, 좋아하다

- amateur 아마츄어 (애호가)

• AMBI 이중, 양쪽의

- ambidextrous 양손잡이의
- ambiguous 애매 모호한 (이중의)

• ANG 끄다, 막히다

- angina 구협염 (목이 막힌)
- anguish 고통 (죄는 듯한)

• ANGL 구석, 각

- angle 각

• ANIM 생명을 불어넣는

- animate 생명을 불어넣다

- ANN 년, 해
  - anniversary 기념일
  - annual 일년의

- ANTE 앞, 전
  - antecedent 앞서는

- API 벌
  - apiculture 양봉

- APT 어울리는
  - aptitude 적성

- AQU 물
  - aquarium 수족관

- ARA 경작하다
  - arable 경작 가능한

- ARD 햇빛에 마른, 탄
  - ardent 타고 있는, 열정적인

• AUD 듣다

– audience 청중

• AUG 증가하다

– augmentation 증가

• AVI 새

– aviary 새장

– aviation 비행술

• BACILL 작은 막대기

– bacillus 박테리아

• BALN 목욕

– balneology 온천학

• BELL 전쟁

– bellicose 호전적인

– belligerent 교전중인

• BI 이중

– bilateral 양자의

- CAD 떨어지다
  - caducous 떨어지기 쉬운

- CAL 더운, 뜨거운
  - calorie 열량

- CALC 석회질
  - calcium 칼슘

- CAMB 굴절, 굽은
  - camber 굽은

- CAMP 평지
  - campus 캠퍼스

- CAND 불꽃으로 빛나는
  - candescent 백열의

- CAP
  1. 머리의 – captain 우두머리
  2. 잡다 – capture 포획

- CASTR 자르다, 거세하다
  - castrate 거세하다

- CAUS 이유, 원인
  - cause 이유

- CAUT 신중한
  - cautious 신중한

- CERN 정하다, 구별하다, 선택하다
  - concern 관계하다

- CID 자르다, 결단내다
  - suicide 자살
  - decide 결정하다

- CIN 재
  - cinder 타다 남은 찌꺼기

- CIRCON 주위
  - circumstance 주위 환경
  - 참고 circon이 circum으로 변했음

• CLAV 닫다

- claustrophobia 밀실 공포증
- clav가 clau로

• COM 같이

- concert 연주회, 합주
- c, d ,f, n, s, t, v 앞에서는 com이 con으로 바뀐다.

• CONSUL 의논하다

- consult 의견을 듣다

• CORP 신체의

- corporal 신체의

• CRED 믿다

- credit 신용

• CRU 피나는, 날것의

- cruel 잔인한
- crude 날것의, 가공되지 않은
- crude oil 원유

- CRUC 십자가 (십자형 모양의)
  - crucifix 십자가에 못박힌 예수상

- CUMUL 쌓아놓은
  - cumulate 쌓아올리다

- CUPI 강한 욕망의
  - cupidity 탐욕
  - Cupid 사랑의 신 큐피드

- CUR 치료하다
  - cure 치료

- DAMN 손해, 피해
  - damage 손해, 피해

- DE 파괴, 패배
  - defeat 패배
  - destruct 파괴하다

- DI 낮의
  - diurnal 하루의

• DIC 권위적으로 말하다

– dictator 독재자

• DIGIT 손가락

– digital 손가락의, 디지털

• DIS 분리하다

– division 구분하다

– c, g, j, p 앞에서만 dis, 그 외에는 di

• DOC 가르치다

– doctor 박사

– doctrine 교리

• DOM 가정

– domicile 주거지

– domestic 가정의

• DU 둘의

– duplex 이중의

- EBRI 술취한

  – ebriety 취기

- EQU

  1. 말의 – equestrian 마술의
  2. 동등한 – equal 동등한

- EX 밖의

  – external 외부의

- FA 말하다 (=pha)

  – aphasia 실어증

- FAC 만들다

  – factory 공장

- FID 믿음

  – confident 확신하는

- FISS 갈라진

  – fissure 균열

• FLU 흘러나오는

– fluent 유창한

– fluid 유체

• FRAG 조각나다

– fragment 부서지기 쉬운

• FUG 도망가다

– fugitive 도망치는

• GEM 쌍둥이의

– geminate 쌍생의

• GLOB 둥근

– globe 지구

• GNO 알다, 배우다

– ignorance 알지 못함

• GRAD 단계

– grade 단계

- GRAT 감사
  - grateful 감사하고 있는
- HAB - 에 있다, 갖다
  - habit 지지고 있는 습관
- HEND 잡고 있다
  - comprehend 이해하다, 파악하다
- HOSP 1. 주인
  - hospitality 환대
- ID 같은
  - identity 동일
- IN 부정
  - impossible 불가능한
  - b, p 앞에서는 in은 im으로
- INFER 낮은
  - inferior 낮은, 열등한

- INSUL 섬의
  - insular 섬의

- INTER 사이의
  - interaction 상호간의
  - intercontinental 대륙 간의

- JAC 던지다
  - project 발사하다
  - ject로 변하기도

- JUR 법
  - jury 심판관

- JUVEN 젊은
  - juvenile 젊은

- LABOR 일, 노동
  - labor 노동

- LAC 호수
  - lagoon 석호
  - lac가 lag로 변하기도

- LACRIMA 눈물의
  - lachrymatory 눈물의, 눈물이 나는
  - lachryma로 변하기도

- LACT 우유의
  - lactose 유당

- LANC 던지다
  - lance 창

- LAPID 돌
  - lapidate 돌 던지다

- LAT 옆
  - lateral 측면의

- LAUD 찬양하다
  - laud 기리다

• LAX 편히 쉬다

– relax 쉬다

• LECT 읽다

– lecture 강의

• LIBR

1. 자유로운 – liberty 자유

2. 균형 – equilibrate 균형을 맞추다

• LINGU 언어의

– linguistic 언어의

• LIT 논쟁의

– litigate 논쟁하다

• LOC 장소

– location 위치

• LUBRI 미끄러운

– lubrication 윤활

• LUD 놀이

– ludicrous 익살맞은

• MAG 큰, 최고의

– magnum 큰 술병

• MAN 손

– manipulate 손으로 조작하다

• MAR 바다

– marine 바다의

• MAT 아침

– matinal 아침의

• MATER 어머니의

– maternity 모성

• MEDI 가운데의

– medium 가운데의

- MEN 정신의

  – mental 정신의

- MENS 달의

  – menstrual 한 달에 한번의

- MERC 장사의, 상품의

  – merchandise 상품

- MIN 적은

  – minor 보다 작은

- MISC 섞는

  – miscellany 혼합, 잡동사니

- MOL 갈다

  – molar 어금니의

- MONT 돌출한

  – mountain 산

• MOV 움직임

– move 움직이다

• MU 교환하다

– mutual 상호의

• NAV 선박의

– navy 해군

• NEG 부정

– negative 부정의

• NOCT 밤의

– noctambulant 몽유병의

• NOD 매듭

– nodule 작은 마디

• NOM 이름

– name 이름

– nom 의 변형

• NORM 규범

– normal 정상의

• NOV

1. 새, 신 – new 새로운, nov의 변형

2. 아홉 9 – November (라틴 년으로 따지면 9번째 달)

• NUCL 핵

– nuclear 핵의

• OB 앞의, 반대의

– obstacle 방해

• OC 눈의

– ocular 눈의

• OCT 여덟 8

– octagon 8각형

– octopus 낙지 (다리 8개)

• OD 증오

– odious 가증스러운

• OP 작품

– opera 오페라

• OR -부터 나오다

– origin 근원

• ORB 원

– orbit 궤도

• OV 알 모양의

– oval 타원의

• PAC 평화의

– pact 조약

• PAR

1. 동등한 – parity 동등

2. 태어나다 – parents 부모

• PATER 아버지의

– paternal 아버지의

• PED 발

– pedestrian 도보의

• PEN 벌금, 처벌

– penalty 처벌

• PEND 중단시키다

– pending 미결의

• PER 통해 지나가기

– percolator 여과기

• PI 경건한

– pious 신앙심이 깊은

• PIG 그리다

– picture 그림

• PIL

1. 지주 – pillar 기둥

2. 털 – pile 솜털

- PISC 물고기의
  - pisciculture 양어
- PLAUD 손뼉치다
  - applaud 손뼉치다
- PORT 통로, 항구, 문
  - port 항구
- POST 다음의, 후의
  - postpone 연기하다
- POT 마시다
  - potable 마실 수 있는
- POT 강한
  - potent 세력 있는
- PRIM 첫째의
  - prime 첫째의

- PRIM 압력을 가하는 (같은 어원 press)

– pressure 압력

- PRO 앞의

– procession 행진

- PROB 정직한

– probity 정직

- PROX 가까운

– proximate 가까운

- PUER 어린이

– puerility 유년기

- QUADR 넷

– quadruple 네 배의

- QUER 알아보다

– query 조사

- RAD 뿌리

  – radical 근본적인

- RAP 힘으로 뺏다

  – rapt 정신이 팔린

- REN 왕의

  – regent 섭정

- RIV 강

  – river 강

- RUP 끊다

  – rupture 결렬

- RUR 시골의

  – rural 시골의

- SAC 신성한

  – sacred 신성한

- SAL 짠

  – saline 염분의

- SALV 구제하다

  – salvation army 구세군

- SAN 건전한

  – sane 제정신의

- SAT 충분히

  – satisfaction 만족

- SCI 지식, 알다

  – science 과학

- SCO 학교

  – scholar 학자

- SCRIB 쓰다

  – describe 기술하다

- SED 앉다

 – sedentary 좌식의

- SEN 노인의

 – senior 연장자의

- SENT 느끼다

 – sentimental 감정적인

- SERV -을 위해 보존하다

 – service 서비스

- SIM 동일

 – similar 유사한

- SOMN 잠

 – somnolant 졸린

- SPEC 엿보다

 – spy 스파이 (변형)

- SPIN 가시
  - spinal 가시의
- STA 서다
  - stable 안정된
- SUAD 조언하다, 부드럽게 데려오다
  - persuade 설득하다
- SUB 본질
  - substance 본질
- SUB 밑의
  - subway 지하철
- SUP 위의, 최상의
  - superior 나은
- TACT 만지다
  - tactile 촉각의

• TEMP 시간

– temporal 일시적인

• TERR 겁을 주다

– terror 공포

• TEX 직조하다

– textile 섬유

• TR 셋

– triangle 삼각형

• TR 통과해서

– translation 번역

• TRA 끌다

– tractor 트랙터

• ULTR 초, 넘어서

– ultramodern 초현대적인

- VAC 진공의

  – vacuum 진공의

- VAL 가치의

  – value 가치

- VEHI 이동하는

  – vehicle 매체, 차량

- VERT 변하다

  – convertible 개조할 수 있는

- VID 보다 (같은 어원 vis)

  – visible 보이는

- VIG 박력있는

  – vigorous 활력있는

- VIV 살다

  – revive 다시 살리다

• VOC 음성의

– vocal 음성의

• VOL 원하다

– volunteer 지원자

참고문헌

- MALHERBE, Michel, Les Langages de l'Humanite, 1983
- Allioni, Sergio, Toward a Grammar of Consecutive Interpretation. In Laura Gran & John Dodds (eds.) The Theoretical and Practical Aspects of Teaching Conference Interpretation. Udine: Campanotto Editore, 1989
- Ilg, Gerard, L'Interpretation Consecutive, Paralleles 3, E.T.I., Universite de Geneve, 1980
- Rozan, La Prise de Notes
- Seleskovitch, Danica, L'Interprete, dans les Conferences Internationales, 1978
- Seleskovitch, Danica & Lederer, Marianne, Pedagogie Raisonnee de l'Interpretation, 1989
- Seleskovitch, Danica & Lederer, Marianne, Interpreter pour Traduire, 1986
- BOWEN, D. & M. BOWEN, Steps to Consecutive Interpretation. Whashington, 1984
- DEJEAN LE FEAL, Karla. : L'enseignement des methodes d'interpretation, Revue de l'Universite

d'Ottawa vol. 51, 1981

- GILE, Daniel, Perspectives de la recherche dans l'enseignement de l??interpretation. 1989
- ROZAN, J. F. : La prise de notes en Interpretation Consecutive. Geneve: Librairie de l??Universite Georg., 1984
- STEINER, George, After Babel, second edition, 1992
- KING, Stephen, On Writting, 2002
- ZINSSER, William, On Writting Well, 2000
- BARBIZET, J. & DUIZABO, Ph., Neuropsychologie, 1980
- BELL, Roger T., Translation and Translating, 1991

- 최정화, 통역번역입문, 1998
- 최정화, 통역번역노하우, 2001
- 최정화, 외국어 내 아이도 잘 할 수 있다, 2004
- 최정화, 엔젤 아우라, 2007
- 최재천, 개미 제국의 발견, 2001

참고 웹사이트

- 두산세계대백과사전 / Encyber
- yahoo 대백과 사전 / www.yahoo.co.kr
- 뇌, 지능, 기억력 / www.MyQ.co.kr
- 아인슈타인 뇌 연구 / www.faculty.sashington.edu/chudler/ein.htlm
- 뇌과학센터 / bsrc.kaist.ac.kr
- 뇌과학연구 프로젝트 / braintech.kaist.ac.kr
- 뇌신경정보연구팀 / neuropsy.co.kr
- 뇌학회 / www.brainsociety.org
- 인지과학회 / krcogsci.snu.ac.kr

참고 기사

- 홍은택, 세계 3000개 언어 사멸 위기, 동아일보, 2002. 2. 21
- 이성주, 성인 영어단어 외울 땐 2 단계, 동아일보, 2002. 3. 11
- 김형찬, 이미지 범람 시대에도 글의 문화는 살아있다, 동아일보 2002. 3. 11

- 박방주, 뇌 언어 능력 12살이면 발달 멈춘다, 중앙일보, 2002.3.14
- 이수영, 문화 차이로 뇌가 바뀐다, 중앙일보, 2008.1.26
- 차지완, 문화 차이, 동아일보, 2008, 1.26
- 김상연, "기억 재구성" 뇌의 신비 밝혔다, 동아일보, 2008.2.9

색인

글로벌 인재가 되려면
이렇게 말하고 듣고 소통하라

이말듣소

초판 인쇄 2008년 2월 20일
초판 발행 2008년 2월 28일
지 은 이 최 정 화
펴 낸 이 박 철
펴 낸 곳 한국외국어대학교 출판부
주 소 서울특별시 동대문구 이문동 270 (우 130-791)
전 화 02-2173-2493~4
팩 스 02-2173-3363
E-mail press@hufs.ac.kr
홈페이지 http://press.hufs.ac.kr
출판등록 제 6-6호 (1969. 4. 30)
디자인 · 편집 (주)이환디앤비 02-2254-4301
인쇄 · 제본 (주)삼진피앤씨 02-2271-0860

ISBN 978-89-7464-480-2 13330 정가 10,000원

※ 잘못된 책은 교환하여 드립니다.